全域兴趣电商构建

从入门到精通

张书宁　易　红◎编著

中国铁道出版社有限公司

CHINA RAILWAY PUBLISHING HOUSE CO., LTD.

图书在版编目（CIP）数据

全域兴趣电商构建从入门到精通/张书宁，易红
编著.—北京：中国铁道出版社有限公司，2023.6
ISBN 978-7-113-30121-7

Ⅰ.①全… Ⅱ.①张… ②易… Ⅲ.①网络营销
Ⅳ.①F713.365.2

中国国家版本馆CIP数据核字（2023）第058370号

书　　名：**全域兴趣电商构建从入门到精通**
　　　　　QUANYU XINGQU DIANSHANG GOUJIAN CONG RUMEN DAO JINGTONG
作　　者：**张书宁　易　红**

责任编辑：张亚慧　　　编辑部电话：（010）51873035　　　电子邮箱：lampard@vip.163.com
封面设计：宿　萌
责任校对：苗　丹
责任印制：赵星辰

出版发行：中国铁道出版社有限公司（100054，北京市西城区右安门西街8号）
网　　址：http://www.tdpress.com
印　　刷：天津嘉恒印务有限公司
版　　次：2023年6月第1版　2023年6月第1次印刷
开　　本：710 mm×1 000 mm 1/16　印张：14　字数：229千
书　　号：ISBN 978-7-113-30121-7
定　　价：69.00元

序　言

　　2009 年是电视台的辉煌之年，更是长视频的发展元年。中小企业想通过视频传播产品是一件奢侈的事情，很多企业根本是在无意识地做视频营销。而我们却乘着时代的东风做未来的先驱，做起了短视频电商的雏形。通过 1 分钟、3 分钟的产品功能介绍，助力中小企业完成视频传播，打通销售渠道。

　　2012 年，经过三年的发展，我们发现，小企业都有做营销和传播的需求，经济的发展离不开这些企业。通过三年的实战与研发，我们创立了一套独特的短视频营销系统，通过 1 分钟、3 分钟、5 分钟的视频表现方式，配上符合中小企业的营销语言，为中小企业打造短视频营销系统。同年确立了我们的信念：打造以推进中小企业品牌建设、助力中小企业网络营销为使命，为中小企业提供视频营销整体解决方案的专业视频营销服务机构。

　　2016 年，抖音成立，成立初期就如淘宝一样，很多人并不看好。我们给手里的近万家中小企业客户做了一次调研，其中 98% 的企业及个人都觉得抖音就是一款小软件，根本不把它放在眼里，很多企业不让员工和家人下载，认为玩抖音就是消磨时光。此时，我们知道"我们的好时光将要来临"，于是根据对近万家企业短视频操作的经验，开始研发短视频营销培训系统与操盘服务。

2022 年，回首过往，6 年来，我们培训了全国的诸多企业，企业的类型也是五花八门，既有大型机械、钢材、塑料批发，也有美容小铺、外贸交易；既有上市公司，也有夫妻小店。脚踏实地地让企业在短视频营销的道路上取得卓越成效，真正做到助力中小企业网络营销成为我们的使命和信念！

兴趣电商会打败比价电商吗？

纵观商业的发展史，从集市到店铺、从店铺到商场、从商场到连锁、从连锁到电商，每一次的迭代都是科技创新、技术的迭代，每一样新事物的产生都是老事物退出或变革的动力。消费也是如此，早期大众消费时代，需要什么买什么；生活富裕后，出现精品店、连锁店，去逛街，看到什么喜欢就买什么。所以兴趣电商将会给全球电商带来一场"风暴"，对电商行业进行一次洗牌，它不会打败比价电商，而会用新的方式与之共存。

发展兴趣电商的目的是通过智能数据匹配，发掘大众的潜在需求，满足大众潜在的购物欲望，进而帮助大众提升生活品质。对于商家而言，借助兴趣电商能更精准地找到自己的消费者，激发出更多的消费需求，从而获得更大的市场和更多的机会。就如淘宝的初期一样，只有牢牢抓住机会，企业或个人才能赚取自己的第一桶金。

兴趣电商是一个新的领域，知识是新的，技术是新的，同时机遇也是新的，不光新且变化无常。针对这个领域，我们研发过多种课程，将这些课程以及近万家企业操作运营的经验汇总成本书，帮你了解兴趣电商的真正价值，在纷杂的信息中找到兴趣电商的操作真谛。

本书以实战操作经验为依托，将近万家电商企业的实战操作技巧用最平实的话语娓娓道来。内容从模式到技巧、从运营到转化，通过 11 章内容详尽阐述。

感谢购买此书道来的读者，希望通过此书能让你获得实战经验，帮助你的企业落地，让你的企业在兴趣电商这片蓝海中脱颖而出。

需要特别提醒的是，在编写本书时，笔者是基于当前各平台和软件截取的实际操作图片，但本书从写作到出版需要一段时间，在这段时间里，软件界面与功能可能会有所调整与变化，比如有的内容删除了、有的内容增加了，这是软件开发商所做的更新，请在阅读时，根据书中的思路，举一反三。

本书由张书宁、易红编著，参与编写的人员还有翰墨联合视频营销研发部核心主创盛建刚、张琴、邹叶缇、丁勇、高彪、胡杨等人，在此一并表示感谢。由于作者知识水平有限，书中难免有疏漏之处，恳请广大读者批评、指正。

作　者

2023 年 3 月

目　录

第1章

兴趣电商激发潜在需求

什么是兴趣电商？很多人可能听说过兴趣电商，但并不清楚它的具体含义。本章将介绍兴趣电商的一些基础知识，帮助大家更好地了解兴趣电商，快速提升自身的兴趣电商运营能力。

1.1 兴趣电商是巨大的生意机会

在 2021 年第一届抖音电商生态大会上，抖音电商总裁提出了"兴趣电商"的概念。他表示："兴趣电商即一种基于人们对美好生活的向往，满足用户潜在购物兴趣，提升消费者生活品质的电商。"

其实，简单来说，兴趣电商就是通过宣传推广内容激发和满足用户的兴趣，提高用户的购买欲望，从而提升商品转化率的一种电商形式。当然，用户在查看商品宣传推广内容时，能够看到很多优质商品，满足自身多样化的需求，自然也可以让自己的生活变得更加美好。

在 2022 年第二届抖音电商生态大会上，抖音电商总裁表示："过去一年平台的 GMV（Gross Merchandise Volume，商品交易总额）是同期的 3.2 倍，证实兴趣电商是巨大的生意机会。"

确实，"兴趣电商"的概念提出短短一年左右的时间，抖音电商已经取得了优异的成绩。截至 2022 年 4 月底，抖音平台上年销售额过亿元的商家就超过 1 200 个，其中还包括 134 个新锐品牌；年交易总额超过 1 000 万元的达人达到 1.2 万名；年销售总额过亿元的商品达到 175 款。

也正是因为看到了兴趣电商中的生意机会，许多品牌纷纷入驻抖音平台。图 1-1 所示为部分品牌的抖音账号主页。截至 2022 年 5 月，抖音电商已经成为 220 个 TOP 级品牌的主要线上营销阵地之一，这些品牌涉及服饰、美妆、珠宝和母婴等多个行业。而且随着抖音兴趣电商的发展，还会有越来越多的品牌入驻抖音平台。

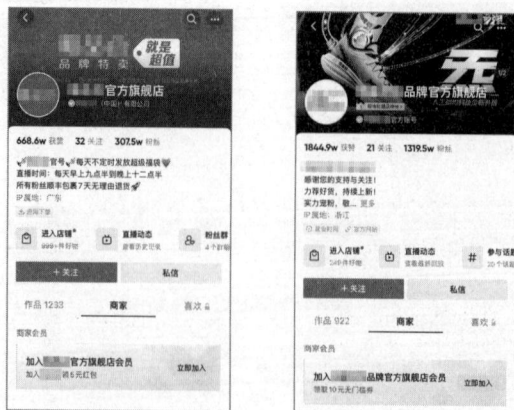

图 1-1　部分品牌的抖音账号主页

抖音兴趣电商的发展与其内容机制有很大的关系。用户进入抖音平台之后，即可看到系统推送的短视频和直播。有时候用户可能原本没有购物的打算，但是看到带货短视频和直播之后，就有了购物意愿。

图 1-2 所示短视频中的零食看起来非常诱人，很多用户在看到该短视频之后，会忍不住地想要下单。而当看到多肉植物的带货直播时，许多用户一开始只是想满足视觉享受，看看有哪些好看的品种，结果看着看着，觉得这些迷你的多肉很可爱，而且价格又比较便宜，于是忍不住就下单了如图 1-3 所示。

图 1-2　抖音带货短视频

图 1-3　抖音带货直播

随着观看短视频和直播成为一种习惯，越来越多的用户将自己的闲暇时间用在了抖音等短视频平台上。也正是因为如此，在被短视频和直播"种草"之后，很多用户养成了通过抖音进行购物的习惯。于是抖音平台的兴趣电商借助内容优势获得了快速发展，越来越多的用户开始成为抖音平台的忠实消费者。

对于商家来说，随着聚集的忠实消费者越来越多，抖音兴趣电商这块蛋糕被做得越来越大。于是，越来越多的商家投入大量的精力进行抖音号运营，试图抓住兴趣电商带来的生意机会。

1.2 抖音兴趣电商的商业生态

虽然在抖音兴趣电商中潜藏着巨大的生意机会，但是很多商家对抖音兴趣电商的商业生态所知有限，很难把握风口让自己获得快速发展。下面笔者就从逻辑思维、主要价值和经营方法三个角度对抖音兴趣电商的商业生态进行介绍。

1. 逻辑思维

传统电商的购物逻辑是，用户本身就有消费意图，为了购买到自己想要的东西，他们会在电商平台上进行搜索，并从中选购合适的商品；而兴趣电商的购物逻辑则是，用户本身可能没有消费意图，但是在观看短视频和直播的过程中看到了优质的商品，并且被带货内容激发了购买兴趣，于是便完成了下单。

除了购物逻辑，传统电商和兴趣电商的营销思维也存在着明显的差异。传统电商一般通过商品思维来进行营销推广，借助商品自身的优势来打动用户；而兴趣电商则通过内容思维来进行营销推广，借助优质的带货内容来激发用户的购买兴趣。

相比于传统电商，兴趣电商获得的流量更多，因为传统电商中的流量基本都是有购物需求的人群，而兴趣电商获得的流量除了有购物需求的人群外，还包括那些对短视频和直播感兴趣的人群。再加上抖音平台会结合大数据给用户匹配内容，这样一来，商家借助抖音平台便可以获得很多精准的流量和生意机会。

2. 主要价值

对于商家来说，兴趣电商的价值主要体现在四个方面，具体如下：

（1）增加商品的曝光量。在抖音平台中，商家和达人可以通过发布带货内容对商品进行营销推广，让更多用户看到你的商品，从而有效地增加商品的曝光量。图 1-4 所示便是通过发布短视频来增加某款兰花干子的曝光量。

图 1-4　增加某款兰花干子的曝光量

（2）提高商品销量。随着商品曝光量的增加，再加上优质内容对用户购买兴趣的激发，越来越多的用户下单购买商品，商品的销量自然也就提高了。例如，某品牌的比萨店通过抖音平台进行宣传推广，成功吸引了许多用户的注意，多款团购商品的销量破万份，如图 1-5 所示。

图 1-5　多款团购商品的销量破万份

（3）实现新品牌的孵化。对于新品牌来说，抖音平台是一个不容错过的营销推广渠道。品牌方不仅可以主动发布内容对商品进行营销推广，而且还可以通过广告投放快速获得更多的流量推荐，从而有效地提高品牌的知名度，让更多用户了解并购买你的商品，实现品牌的快速孵化。例如，某微针植发品牌连续多日投放了抖音信息流广告,如图 1-6 所示。用户通过其投放的广告了解了这个微针植发的新品牌,有需要的用户甚至还可以点击抖音信息流广告进行咨询,或者进行预约。

图 1-6 某微针植发品牌的抖音信息流广告

(4)实现快速迭代。商家注册抖音账号之后,可以直接发布内容对商品进行营销推广,并为用户提供反馈渠道。这样用户的意见便可以直达商家,而商家则可以根据用户的意见进行改进,从而实现商品的快速迭代。例如,商家可以通过商品评价、短视频评论和直播弹幕了解用户的意见,并对商品进行更新迭代。图 1-7 所示为某款螺蛳粉的评论内容,可以看到很多用户都觉得该款螺蛳粉的包装太差了。对此,商家可以对商品的包装进行升级,加强包装的质量管控。

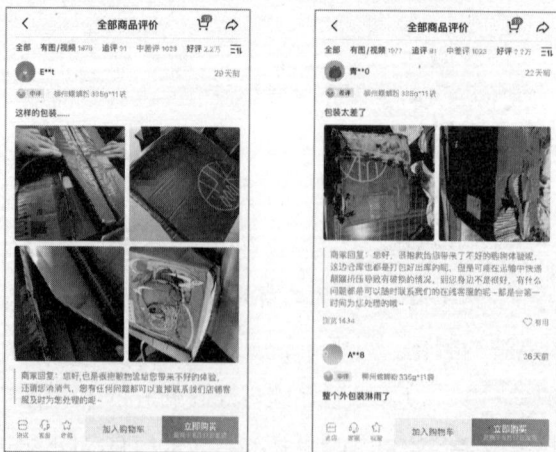

图 1-7 某款螺蛳粉的评论内容

3. 经营方法

对于商家来说，注册抖音账号发布内容并不难，难的是如何经营账号和店铺，让商品获得更高的销量。具体来说，商家可以使用"FACT＋全域经营方法论"来进行账号和店铺经营，让自己的生意获得长效增长。笔者将在 2.5 节中对"FACT＋全域经营方法论"进行说明，这里就不赘述了。

1.3　放大抖音兴趣电商的价值

毫无疑问，抖音兴趣电商包含了很大的商业价值，商家如果能够把握好兴趣电商这个风口，便可以快速提升转化获利效果。其实，除了商业价值外，抖音兴趣电商还包含其他方面的价值，如社会层面的价值。正是因为如此，抖音官方为了放大抖音电商的价值也采取了多项举措，如为了创造更高的社会价值，对商家、产地和商品进行了扶持。

很多商家和达人就是借助抖音官方的扶持获得了快速发展。下面笔者就以某位姑娘的经历为例进行说明。

这位姑娘为了将丈夫老家的菌菇卖出去，特意注册了一个抖音账号，并通过账号运营，在短短两年多的时间内，积累了 200 多万粉丝。图 1-8 所示为这位姑娘的抖音账号主页。

图 1-8　某位姑娘的抖音账号主页

为了方便集中展示商品，也为了方便用户购物，这位姑娘开设了自己的店铺。短短几个月的时间，其店铺中的商品便售出了 60 多万份，其中某款竹荪更是售出了 3.4 万份，如图 1-9 所示。

图 1-9　某位姑娘的店铺和销售的商品

这位姑娘能够创造出销售佳绩，与她自身的努力有很大的关系。这位姑娘通过发布大量的带货短视频，让更多用户深入了解自己的商品，从而激发用户的购买兴趣。图 1-10 所示为这位姑娘发布的带货短视频。

图 1-10　某位姑娘发布的带货短视频

除了发布带货短视频外，这位姑娘还会积极开直播，并亲自出镜为用户介绍商品，如图 1-11 所示。因为这位姑娘的穿着比较具有地方特色，再加上直播的背景是农村的房屋和风光，所以用户会觉得这些商品就是原产地好物，并基于信任下单购买。

图 1-11　某位姑娘亲自出镜介绍商品

　　另外，这位姑娘的成功还得益于抖音电商的扶持。为了将更多农特产销往全国，抖音电商推出了"山货上头条"活动。这位姑娘参与该活动之后，获得了平台的流量扶持，活动期间她的月销售量甚至达到数十万份。

　　如今，这位姑娘成立了自己的公司，并认证了抖音蓝 V 账号，她的店铺也获得了稳定的销量。正是因为她的努力，丈夫老家的菌菇有了很好的销路，她的公司还为父老乡亲提供了工作岗位。可以说，借助抖音兴趣电商，这位姑娘不仅赚取了自己的第一桶金，还带动了当地经济的发展，实现了自身的社会价值。

1.4　兴趣电商的"货找人"模式

　　抖音兴趣电商刚推出时，商家和达人要想提高商品的销量，就需要借助"货找人"模式，主动对自己手中的商品进行营销推广，吸引用户的注意，激发用户的购买兴趣。

　　在抖音平台中，经常可以看到商家和达人拿自己手中的"货"去寻找有消费需求的"人"。例如，在很多抖音带货短视频中，商家和达人会主动对商品进行展示，通过增加商品的曝光量，寻找更多有消费需求的人群，如图 1-12 所示。

　　又如，很多商家和达人都会开启直播，并且在直播中向用户介绍商品，如

图 1-13 所示，让用户更加了解自己的商品，从而引导用户下单购买。

图 1-12　通过短视频展示商品

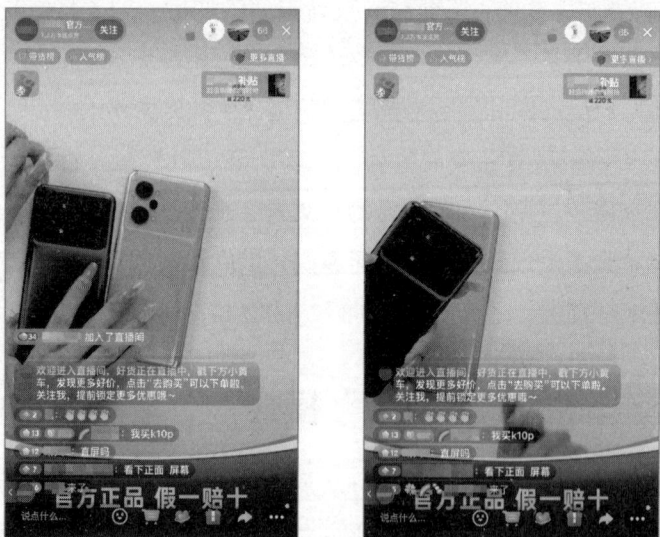

图 1-13　通过直播展示商品

就连抖音平台中的很多广告，都是通过"货找人"模式，直接向用户展示商品的优势的。图 1-14 所示为抖音平台中的一则信息流广告，可以看到该广告的重点就放在了展示商品上。

对于商家和达人来说，借助"货找人"模式对商品进行营销推广，提高商品的转化率，关键在于打造优质的带货内容，让用户看到你的带货内容之后，忍不住想要下单购买你推荐的商品。

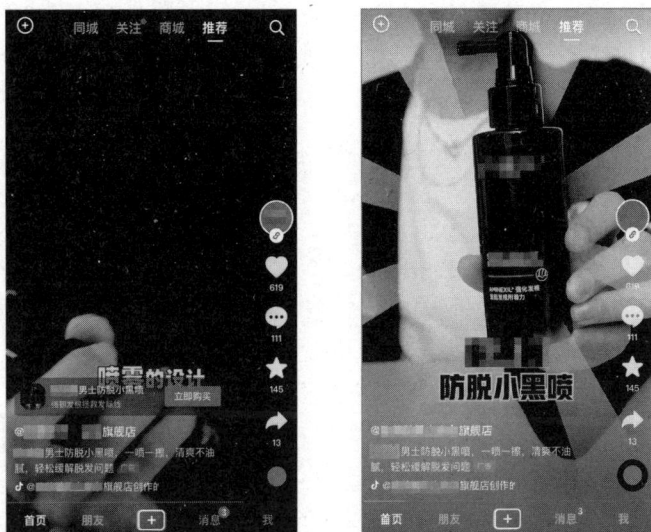

图 1-14　抖音平台中的信息流广告

1.5　入局兴趣电商要从哪里入手

商家（包括品牌方）注册抖音账号，入局抖音兴趣电商之后，可以从五个方面对自身的抖音电商组织能力进行升级，如图 1-15 所示，提高自身的运营效率和生意增长速度。

图 1-15　抖音电商的组织能力升级

例如，商家可以与多位达人签订长期的合作合同，借助这些达人的力量，组成营销矩阵，快速提高营销推广内容的覆盖面和影响力，从而达到提升品牌知名度、提高商品销量的目的。

而带货达人入局兴趣电商之后，则可以通过短视频和直播快速积累粉丝，提升自身的影响力。这样等你的粉丝量足够多、影响力足够大时，自然就会有商家和品牌主动找你进行合作。

另外，带货达人也可以主动出击，借助兴趣电商来获取更多的收益。例如，达人可以选择合适的商品进行带货，并通过发布带货短视频向用户推荐商品，如图 1-16 所示，从而获得佣金收益。

图 1-16 通过发布带货短视频向用户推荐商品

第 2 章
全域电商展现出
新机遇

抖音的兴趣电商正在向全域阶段不断发展，在此过程中，展现了许多新机遇。如果商家能够把握好机遇，积极进行营销推广，提升商品的转化率，便能迎着风口轻松做好生意。

2.1　兴趣电商进入全域阶段

"兴趣电商"的概念被提出之后，抖音平台的兴趣电商获得了快速发展。在 2022 年 5 月召开的抖音电商第二届生态大会上，抖音电商总裁提出会从短视频、直播、商城和搜索等方面发力，提高商品的营销推广效果，提升店铺的商品转化效果，将兴趣电商升级为全域兴趣电商，如图 2-1 所示。

图 2-1　全域兴趣电商示意图

在抖音平台中，商家可以通过短视频、直播、搜索和商城等多种场景进行营销推广，并借助巨量千川和巨量云图平台提升自身的营销能力，实现全能力矩阵覆盖全场景需求，如图 2-2 所示，从而提升品牌的价值（品牌资产）。

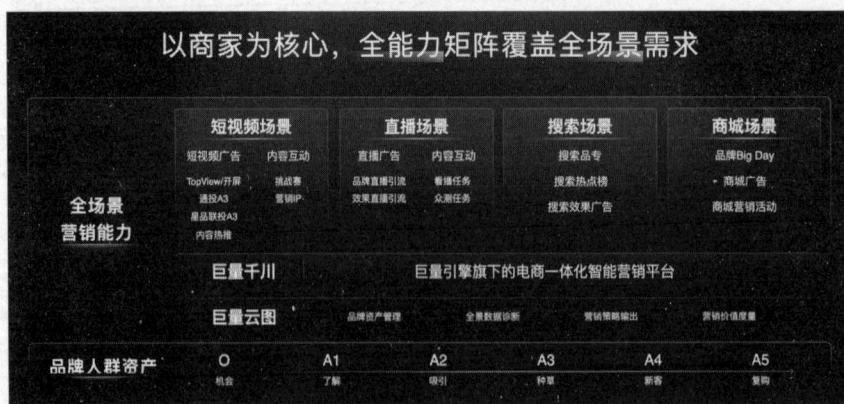

图 2-2　全能力矩阵覆盖全场景需求

下面笔者就从短视频场景、直播场景、搜索场景、商城场景、巨量千川和巨量云图六个角度对营销推广的相关技巧进行简单介绍，帮助商家有效地提升营销的效果和能力。

1. 短视频场景

短视频是抖音营销推广的一种重要内容形式，通过短视频进行商品和品牌的营销推广，不仅可以提高品牌的知名度，而且还可以激发用户对商品的兴趣，让更多用户产生购买欲望。

对此，商家可以自主发布短视频对相关商品进行营销推广，增加用户对商品的了解，提升用户的消费欲望。例如，商家可以通过品牌旗舰店等官方账号发布商品营销推广短视频，并在短视频中提供购物车链接，如图2-3所示。这样当用户被短视频内容勾起购买兴趣时，便可以快速完成购买。

图 2-3　通过带货短视频查看商品详情

当然，除了自主推广外，商家还可以与达人进行合作，让达人帮忙推广品牌和商品。如果商家的品牌具有一定的知名度，那么部分达人甚至还会主动、免费推广品牌和商品。

例如，某品牌的奶茶近年来的知名度比较高，许多人到长沙旅游基本上都会喝几杯。借助抖音平台的宣传，该品牌的奶茶甚至成为到长沙旅游必须打卡的美食之一。也正是因为如此，很多到长沙旅游的人都拍摄了与该品牌奶茶相关的短视频，部分达人甚至还会特意乘飞机前往长沙，只为了品尝该品牌的奶茶并发布短视频进行打卡，如图2-4所示。

图 2-4　达人发布的奶茶推广短视频

另外，在发布短视频之后，商家和达人还可以积极与用户进行互动，增加用户对商品的了解，提升用户的购买兴趣。例如，某带货达人在发布商品推广短视频之后，通过评论区与用户进行了互动，如图 2-5 所示。

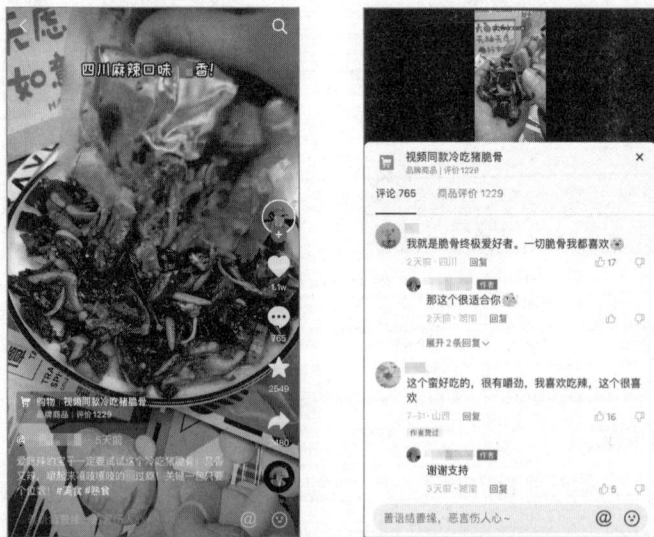

图 2-5　带货达人通过评论区与用户进行互动

2. 直播场景

直播的一个主要优势就是具有实时性，不仅可以与用户进行在线沟通，而且还可以按照用户的要求展示商品，让用户更全面地看到商品的优势。对此，商家可以通过官方账号开启直播，并在直播中对商品进行营销推广，从而更好地勾起用户的购买兴趣，如图 2-6 所示。

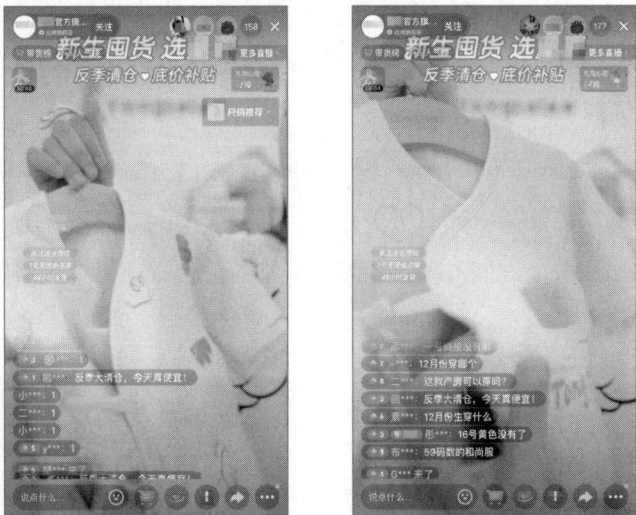

图 2-6　商家通过直播对商品进行营销推广

3. 搜索场景

借助抖音 App 的搜索功能，用户输入关键词之后，进入综合搜索界面，点击界面中的"商品"按钮，即可进入"商品"界面，查看相关的商品，如图 2-7 所示。

图 2-7　通过搜索功能查看相关的商品

对此，商家可以借助商品搜索精准匹配用户的需求，通过布局、优化和预测关键词等方式，让你的商品更容易被用户看到，从而提升商品的转化效果。对于关键词的布局、优化和预测，笔者将在第 8 章中重点进行说明，这里就不赘述了。

4. 商城场景

在抖音 App "首页"界面中提供了"商城"的入口，用户只需点击对应的按钮，即可进入"商城"界面。另外，用户如果对某个板块的商品感兴趣，还可以点击进行查看。例如，点击"低价秒杀"板块所在的位置，即可进入对应界面，查看低价秒杀的商品，如图 2-8 所示。

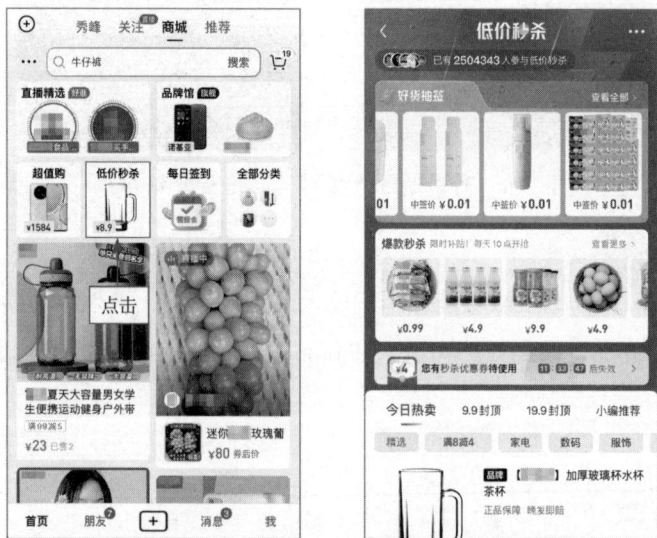

图 2-8　通过"商城"查看低价秒杀的商品

对此，商家可以将商品上传至抖音平台中，这样商品便有可能通过"商城"展示在用户的眼前。当然，商家还需要通过参与官方活动、店铺装修设计和商品详情信息的设计来做好用户的转化留存，从而有效地提升店铺的销量。对于相关的技巧，笔者将在第 7 章中进行详细解读，这里就不赘述了。

5. 巨量千川

巨量千川是巨量引擎旗下的电商一体化智能营销平台，也是抖音官方重点主推的一个广告投放平台。商家可以利用该平台推广品牌和商品，让品牌和商品获得更多的曝光量。例如，商家可以通过如下操作，在巨量千川平台中投放广告，让抖音官方给予更多的流量。

▶▶ 步骤1 进入巨量千川官方网站平台的"竞价推广"页面，单击"＋新建计划"按钮，如图 2-9 所示。

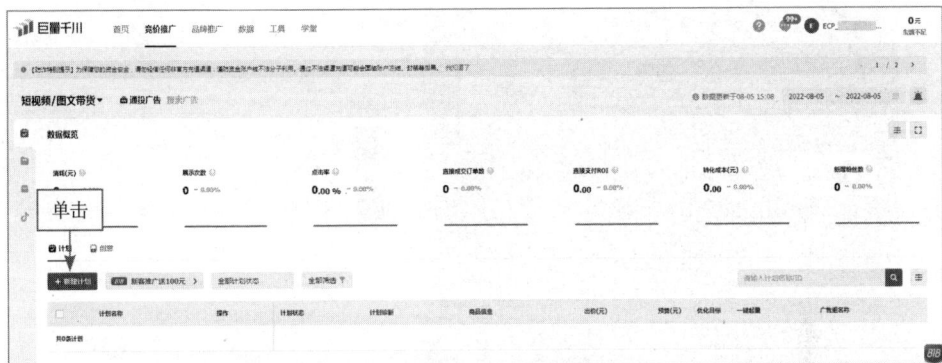

图 2-9 单击"＋新建计划"按钮

▶▶ 步骤2 执行操作后，进入广告投放计划创建页面，❶在该页面中设置广告投放的营销目标、营销场景和推广方式；❷单击"新建计划"按钮，如图 2-10 所示。

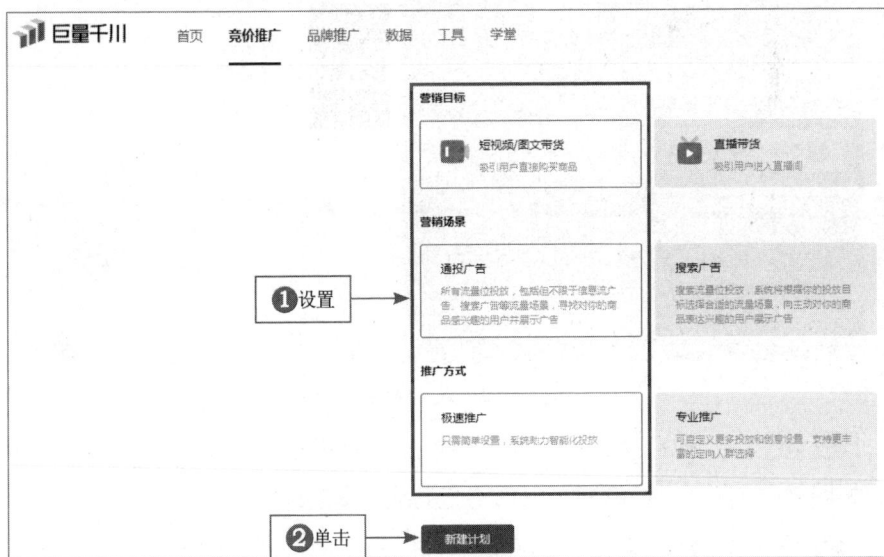

图 2-10 单击"新建计划"按钮

▶▶ 步骤3 执行操作后，进入广告投放信息设置页面，❶单击"点击添加商品"按钮；❷选中需要添加的商品；❸单击"确定"按钮，如图 2-11 所示。

▶▶ 步骤4 执行操作后，在广告投放信息设置页面中会出现添加的商品，❶单击"添加视频"按钮；❷选择相关短视频；❸单击"确定"按钮，如图 2-12 所示。

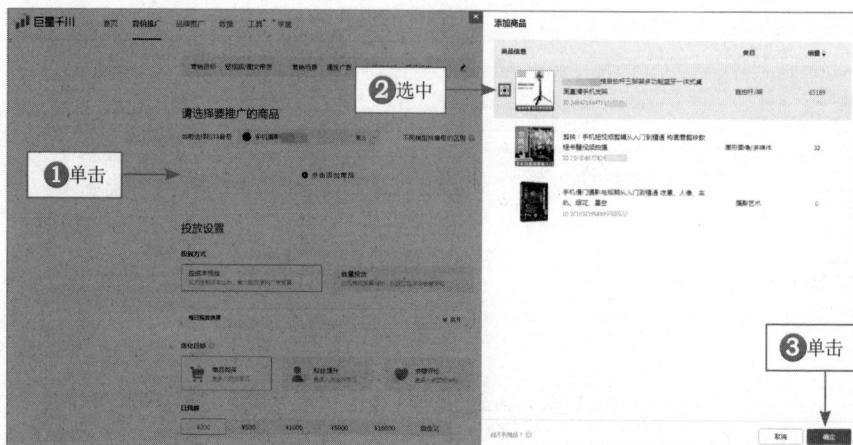

图 2-11 添加商品

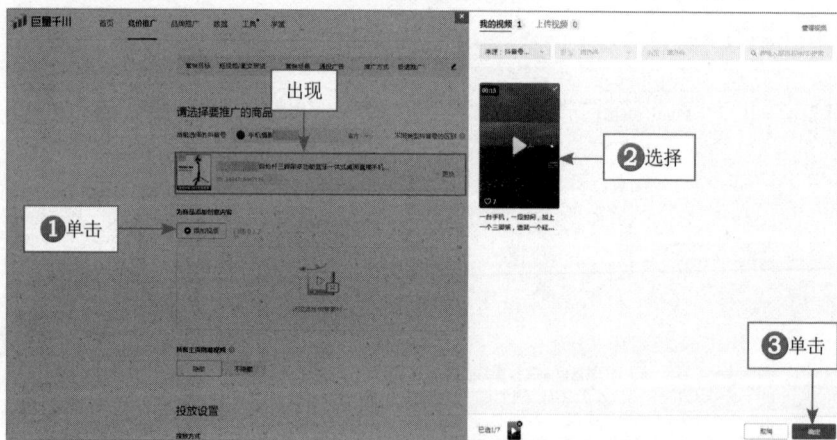

图 2-12 添加短视频

▶▶ 步骤5 执行操作后，在广告投放信息设置页面中会出现添加的短视频，如图 2-13 所示，商家还可以预览商品推广卡的样式。

▶▶ 步骤6 滑动页面，❶设置其他广告投放信息；❷单击"发布计划"按钮，如图 2-14 所示。

▶▶ 步骤7 执行操作后，在"竞价推广"页面中会出现创建的广告投放计划，并显示计划还在审核中，如图 2-15 所示。

图 2-13　出现添加的短视频

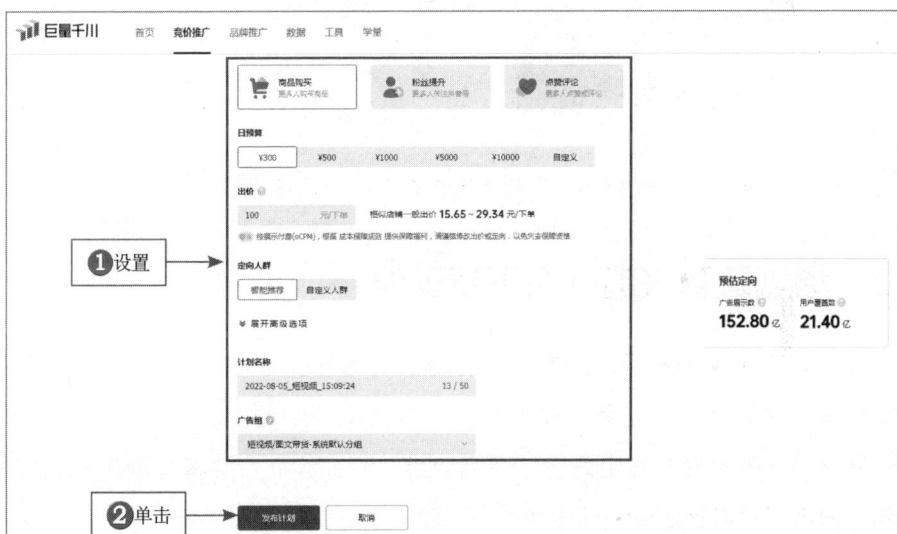

图 2-14　单击"发布计划"按钮

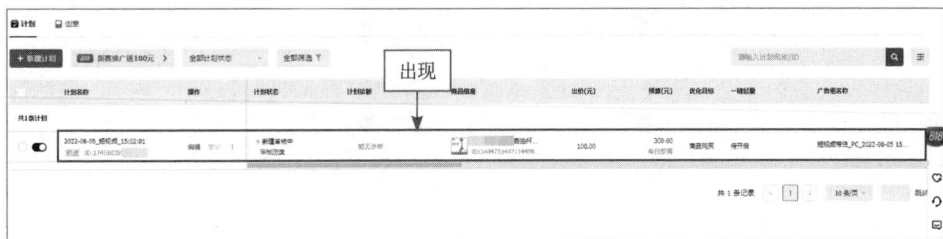

图 2-15　出现创建的广告投放计划

▶▶ 步骤 8　等审核完成之后，商家只需根据提示支付相应的费用，即可通过巨量千川在抖音平台中投放广告。

6. 巨量云图

巨量云图和巨量千川都是巨量引擎旗下的平台，和巨量千川相同，巨量云图也是抖音官方主推的一个营销推广平台。和巨量千川不同的是，巨量云图更侧重于通过营销策略的提供，对品牌资产进行管理，提升品牌的价值。

例如，在巨量云图平台中提供了大市场策略、营销策略、生意策略、阵地策略和度量评估等多种营销场景，可以为商家的品牌营销提供全方位的解决方案，如图 2-16 所示。

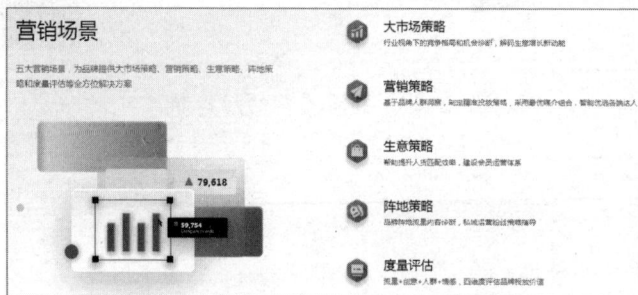

图 2-16　巨量云图平台中的营销场景

2.2　场域随着兴趣电商不断延伸

随着兴趣电商的发展，兴趣电商的场域正在不断延伸，抖音电商中的商品种类也在不断增多。在笔者写稿期间，在抖音电商中便出现了 16 种类别的商品。图 2-17 所示为抖音电商的"商品分类"界面。而且随着兴趣电商场域的延伸，未来很有可能还会出现更多类别的商品。

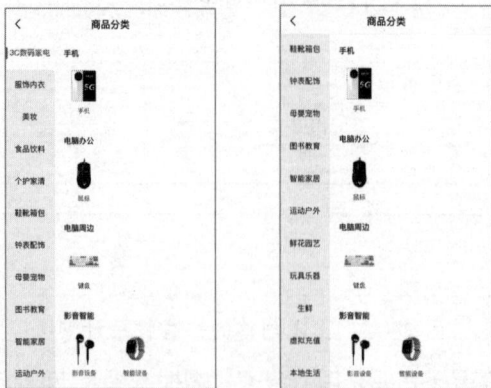

图 2-17　抖音电商的"商品分类"界面

除此之外，抖音平台中的内容热度和人物热度也会对兴趣电商的发展产生直接影响。例如，某位明星通过开直播展示高强度的跳操，快速吸引了许多用户的注意，该明星的直播同步观看人数经常超过 10 万人，如图 2-18 所示。

图 2-18　某明星的跳操直播

许多人通过直播学习跳操，该明星凭此快速收获了大量的粉丝，其账号的粉丝数超过 7 000 万，而且这位明星更是因为直播的高热度而获得了抖音"年度高光时刻作者"的称号。图 2-19 所示为该明星的抖音账号主页。

图 2-19　某明星的抖音账号主页

正是因为这位明星在抖音平台中的热度很高，所以很多商家在商品标题上下功夫，将商品打造成该明星的同款和他推荐的商品，从而借助这位明星的热度来提高商品的曝光量和销量，如图 2-20 所示。

图 2-20　借助明星的热度来提高商品的曝光量和销量

　　而这位明星的妻子则用另一个抖音账号进行直播带货，将很多自己认可的商品推荐给广大用户，如图 2-21 所示。因为有这位明星的高热度加持，所以这个账号的电商直播也获得了很高的热度，从图 2-21 中不难看出，这场直播的观看人数超过 3 万人。如此多的观看人数，这场直播的销售额自然也就有了保障。

图 2-21　某明星妻子的直播带货

2.3　三种场域协同推动兴趣电商发展

在推动兴趣电商向全域阶段发展的过程中，抖音官方提出通过三种场域（内容场、中心场和营销场）协同提升商家的生意增量，让更多用户基于兴趣下单购物。下面笔者就来介绍借助这三种场域进行营销推广，获得更多发展机遇的技巧。

1. 内容场

内容场就是以内容建设场域，通过发布优质的内容来宣传商品和服务，提升品牌的营销推广效果，从而提高商品的转化率。例如，商家可以通过短视频让用户看到、听到商品的优势，真实地还原商品的使用场景，从而提高用户对品牌的认知度，激发用户的购买欲望。

2. 中心场

中心场就是通过搜索和抖音商城打通"人找货"的消费链路，让更多用户主动寻找商品进行购买。例如，商家可以通过商品信息优化和店铺设计，提升入店用户的购买欲望，让店铺获得稳定的销量。

3. 营销场

营销场是通过品销协同，让商家更多地参与到商品的营销推广中来，从而让商家可以直接触达用户，提升营销的价值。例如，商家可以直接发布短视频对商品和店铺进行宣传推广，创造更多的成交机会。某线下实体店通过短视频宣传，便让店铺信息获得了近 130 万次的曝光量，如图 2-22 所示。

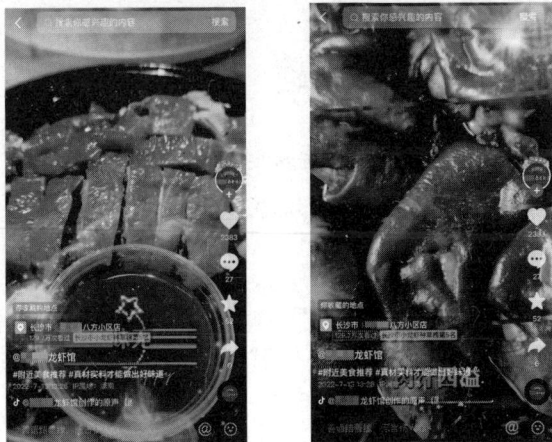

图 2-22　店铺信息获得了大量的曝光

除了直接发布短视频和开启直播宣传商品外，商家还可以借助主页的信息展示功能来推广商品。例如，线下实体店商家可以在主页的"商家"板块中展示团购信息，吸引附近用户购买外卖或到店消费。

具体来说，商家将信息展示在账号主页的"商家"板块中之后，用户只需点击其主页中的"商家"按钮，即可查看店铺的团购信息，如图 2-23 所示。如果用户被团购优惠吸引了，则还可以直接点击"马上抢"按钮，支付相应的费用，购买相关的套餐。这样一来，只要团购套餐对用户足够有吸引力，商家便可以获得大量的订单，利用薄利多销来提升自身的收益。

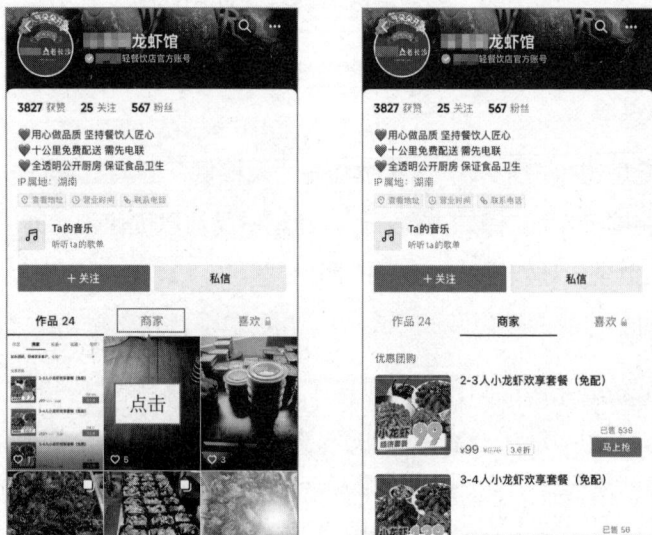

图 2-23　查看店铺的团购信息

2.4　发布内容激发潜在兴趣

很多用户进入抖音 App 时，可能只是想在闲暇时刷刷短视频，没有购物的意愿。但是如果商家和达人发布的内容激发了用户的潜在兴趣，那么用户便有可能下单购买。

对此，商家和达人可以在发布的短视频中展示商品的优势，让用户觉得你推荐的商品很实用，如图 2-24 所示。这样用户在看到商品的用处之后，很可能会觉得自己也可以买一个用用看。

除此之外，商家和达人还可以将价格作为激发用户购买兴趣的一个点。

图 2-25 所示的短视频中推荐的团购商品仅售 1 元，如此低的价格很快吸引了许多用户的目光，所以即便该商品需要到店领取，还是在短期内售出了 3 万多份。

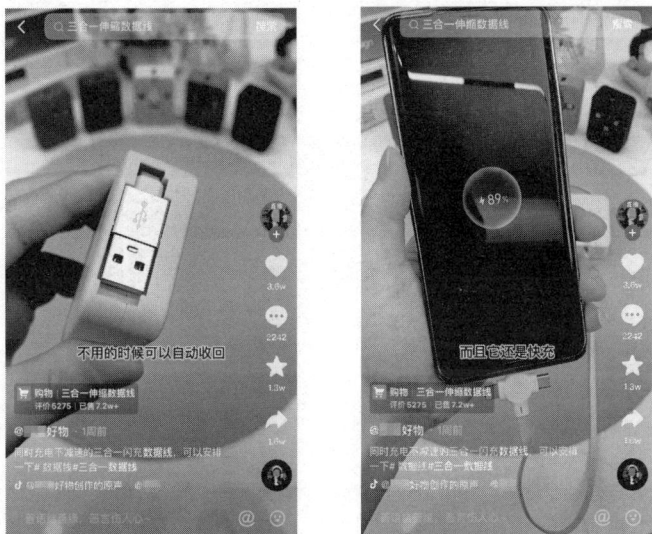

图 2-24　通过发布短视频展示商品的优势

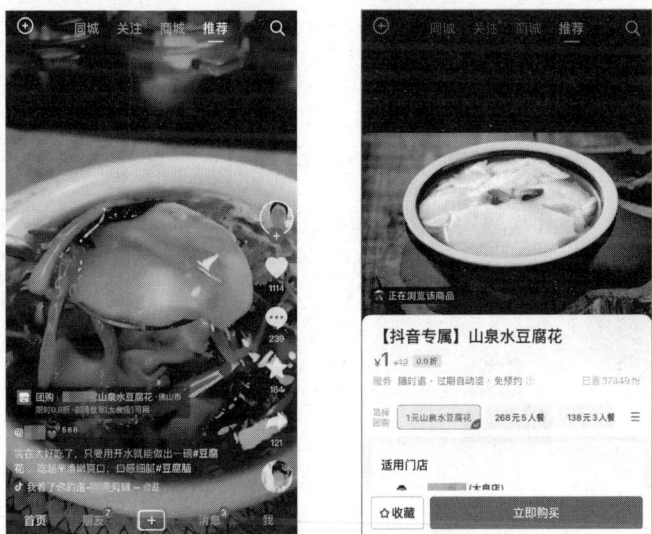

图 2-25　通过低价团购激发用户的购买兴趣

　　另外，商家也可以充分发挥抖音直播的实时特性，通过官方账号开启直播销售商品，并利用相关的营销策略来激发用户的购买兴趣。

　　例如，某陶瓷品牌便通过官方账号开启了电商直播，并且在直播中给出了一些福利，购买某款带盖茶杯便附赠两个小一号的茶杯，如图 2-26 所示。因为在这场直播中是在原价的基础上附赠了两个茶杯，并且赠送的茶杯和购买的带盖茶杯还是同样的花色，所以很多用户觉得此时购买很划算，而且还可以将这三个茶杯当成一套来使用。

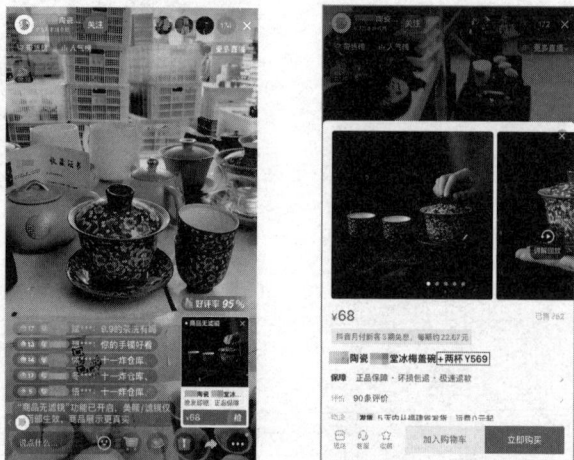

图 2-26 通过附赠商品激发用户的购买欲望

2.5 FACT + 全域经营方法论

FACT 经营矩阵是指通过 Field（阵地，这里是指商家的阵地自营）、Alliance（矩阵，这里是指达人矩阵）、Campaign（活动，这里是指主题活动）和 Top-KOL（顶部关键意见领袖，这里是指头部用户）经营内容场，让商家的生意获得长效增长，如图 2-27 所示。

图 2-27 FACT 经营矩阵示意图

下面笔者就从阵地自营、达人矩阵、主题活动和头部用户四个角度来分别讲解内容场的经营方法，让商家的营销获得更好的效果。

1. 阵地自营

在借助抖音平台提升品牌知名度、提高商品销量的过程中，商家可以打造自己的经营阵地。例如，商家可以在注册官方账号的同时，引导旗下各地区的店铺注册账号，形成品牌的营销矩阵。这样即便是同样的营销推广内容，也能通过多个账号的同时传播，获得良好的营销效果。

除此之外，商家还可以通过自己的营销阵地来持续地发布内容，让品牌、店铺和商品在抖音平台中不断被曝光。具体来说，商家可以每天在自己的账号中发布一条营销推广短视频。图2-28所示为某商家账号发布的部分短视频内容，可以看到，其内容的发布间隔维持在一天左右。

图 2-28　某商家账号发布的部分短视频内容

2. 达人矩阵

所谓"达人矩阵"，就是通过多个达人账号对同一个品牌、店铺或商品进行营销推广，组成一个营销矩阵，从而让品牌、店铺和商品信息覆盖更多的用户。当然，为了让更多达人愿意帮你做推广，商家还需要适当地给予一些好处，如给出较高的带货佣金、主动寻找达人进行合作等。

图2-29所示为部分达人账号发布的短视频，可以看到这些短视频中都向用

户推荐了某款螺蛳粉，这便形成了一个商品营销的达人矩阵。因为同时有多位达人进行该商品的营销推广，所以用户很容易产生一种想法：这款螺蛳粉真的这么好吃吗？竟然有这么多达人在推荐，那我也买一份尝尝味道吧。

图 2-29 某商品的营销达人矩阵

3. 主题活动

主题活动内容场经营，就是通过推出相关活动来获得更多流量，从而提升相关商品的销量。例如，某品牌为了提升部分新品的销量，推出了新品预售活动，用户只需点击该品牌官方账号主页界面中的"官方网站"链接，便可以进入其官方网站，查看该活动的信息，如图 2-30 所示。

图 2-30 查看主题活动的信息

如果用户想了解该活动的更多信息，或购买活动中的商品，则可以点击官方网站中的"了解更多"按钮。执行操作后，即可看到参与活动的商品，点击商品信息还可以进入其详情界面，如图2-31所示。用户可以在商品详情界面中查看相关商品的各种信息，有需要的用户甚至可以点击"立即购买"按钮，支付相应的费用，下单购买商品。

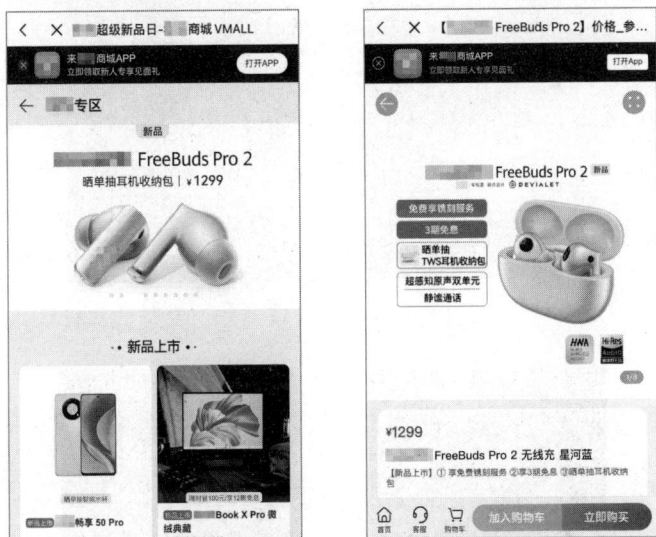

图 2-31　点击商品信息进入其详情界面

通常来说，主题活动都有一个明确的主题，而且活动的时间一般不会太长。商家可以根据自身的营销推广目的来举办主题活动，快速吸引用户的目光。当然，商家还得控制活动的举办频率。如果商家经常举办活动，就会让用户觉得下次再买也没关系，这样活动的效果就被削弱了。而且举办的活动越多，商家需要花费的精力就越多，有的活动甚至还可能亏本，这就有些得不偿失了。

4. 头部用户

在抖音平台中，头部用户（也包括一些名人）的号召力很强，如果某款商品获得了多个头部用户的认可，那么很多用户会听从这些头部用户的建议，购买该款商品。因此，商家可以主动与头部用户进行合作，发挥头部用户的关键意见作用，引导更多用户购买你的商品。

例如，某新款手机发布之后，与国内的某位知名导演进行了合作，并通过官方账号发布了相关的短视频，如图2-32所示。除此之外，该品牌还积极寻求与其他头部用户的合作，这些头部用户也通过自己的账号发布了这款手机的宣传推广短视频。图 2-33 所示为某旅行博主发布的宣传推广短视频。

图 2-32　通过官方账号发布与某位导演合作的短视频

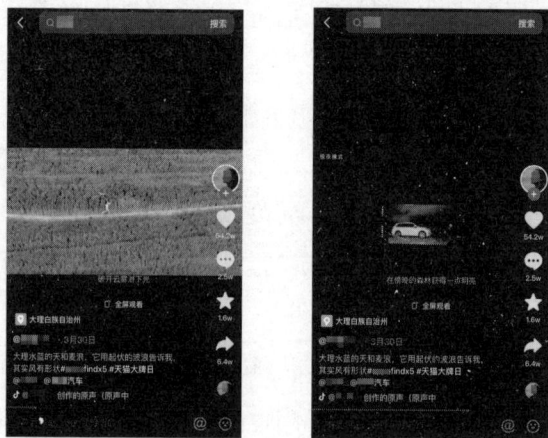

图 2-33　某旅行博主发布的宣传推广短视频

无论是导演，还是旅行博主，对于摄影都是比较专业的。很多喜欢摄影的人在选择手机时，会觉得这款手机就连专业人士都认可，那自己跟着买肯定不会错。在头部用户的带动下，这款手机的曝光量和销量自然便获得了快速提升。

在第二届抖音电商生态大会上，抖音电商副总裁提出了"FACT ＋ 全域经营方法论"。"FACT ＋ 全域经营方法论"是指在 FACT 经营矩阵的基础上，充分发挥中心场和营销场的力量，进行全域的经营推广，为用户提供便利的购买途径，让营销获得更好的效果，从而达到提升商品转化率的目的。

第 **3** 章

平台战略带来
更多机会

随着兴趣电商的发展，抖音将推动电商发展作为平台的重要战略，相继在 2021 年、2022 年推出了众多举措和计划，并进行了一系列的业务布局。这些举动无疑是对很多商家进行了扶持，也为这些商家带来了更多的发展机会。

3.1 抖音电商推出一系列举措

为了让全域兴趣电商获得快速发展，抖音电商推出了一系列举措。例如，专门提出了"抖音电商 UP 计划"，让平台中的商家、达人和商品获得更好的发展。这个计划分为三部分，即商家 UP 计划、达人 UP 计划和商品 UP 计划。

（1）商家 UP 计划，即 2021 年帮助 1 000 个商家或品牌（其中包括 100 个新锐品牌）实现年销售额超过 1 亿元的目标。

（2）达人 UP 计划，即帮助 1 万个电商达人实现年销售额破 1 000 万元、10 万个电商达人实现年销售额破 10 万元的目标。

（3）商品 UP 计划，即帮助 100 款商品实现年销售额超过 1 亿元的目标。

除了扶持计划外，抖音官方还对平台进行了调整，添加了更多电商的元素，让兴趣电商可以获得更好的发展。具体来说，抖音官方不仅在抖音 App 的"首页"界面中提供了商城入口，还推出了一款主打电商的软件——抖音盒子 App。

进入抖音盒子 App 之后，用户便会发现"首页"界面中的大多数内容都带有电商元素。例如，很多短视频都在进行带货，用户只需点击短视频中的商品封面和推广标题，即可在弹出的"视频相关宝贝"窗口中查看商品详情，如图 3-1 所示。有需要的用户还可以点击"立即购买"按钮，按照系统提示操作，购买对应的商品。

图 3-1　通过带货短视频查看商品详情

另外，与抖音 App 不同的是，抖音盒子 App 的直播都是电商直播。具体来说，运营者需要通过以下步骤开启抖音盒子直播。

▶▶ 步骤1 进入抖音盒子 App 的"首页"界面，点击 图标，如图 3-2 所示。

▶▶ 步骤2 执行操作后，进入"分段拍"界面，点击界面下方的"开直播"按钮，如图 3-3 所示。

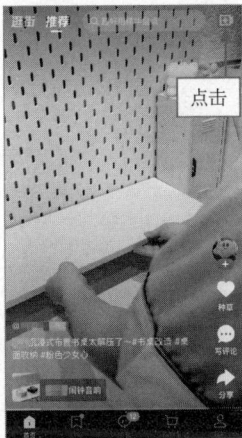

图 3-2 点击 图标

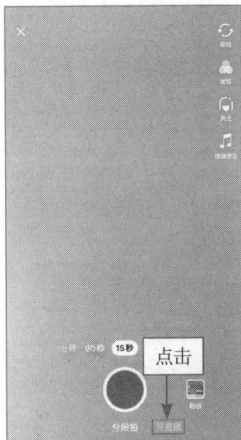

图 3-3 点击"开直播"按钮

▶▶ 步骤3 执行操作后，进入"开直播"界面，点击"开播前请完成商品添加"按钮，如图 3-4 所示。

▶▶ 步骤4 执行操作后，进入"添加商品"界面，❶选中要添加的商品；❷点击"确认添加"按钮，如图 3-5 所示。

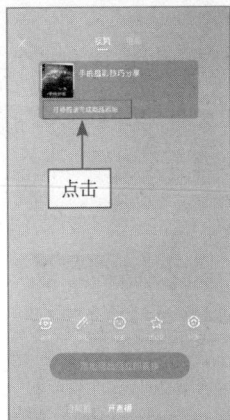

图 3-4 点击"开播前请完成商品添加"按钮

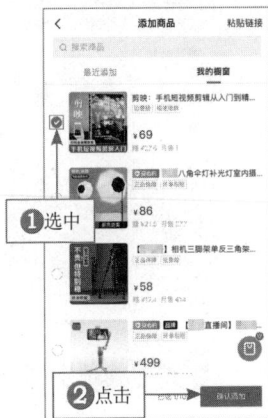

图 3-5 添加商品

▶▶ 步骤5 执行操作后，在"添加商品"界面中会显示已添加商品的数量，点击◁图标，如图 3-6 所示。

▶▶ 步骤6 执行操作后，返回"开直播"界面，点击"开始视频直播"按钮，如图 3-7 所示，即可开启直播。

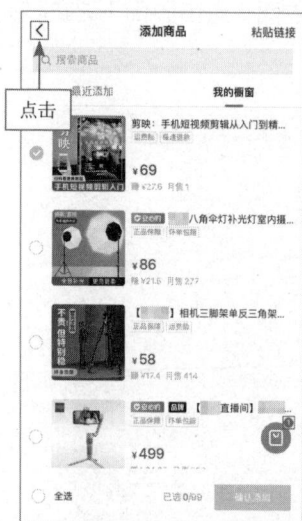

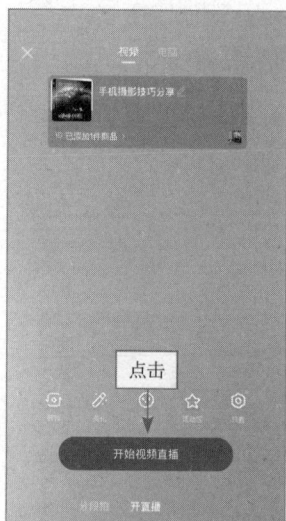

图 3-6　点击◁图标　　　　图 3-7　点击"开始视频直播"按钮

除了短视频和直播外，在抖音盒子 App 中还有很多带有电商的元素。例如，在"逛街"界面中就为用户展示了各种商品，用户只需点击商品图片，即可进入商品详情页，查看商品的相关信息，如图 3-8 所示。

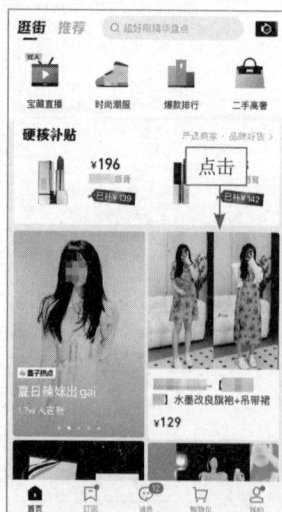

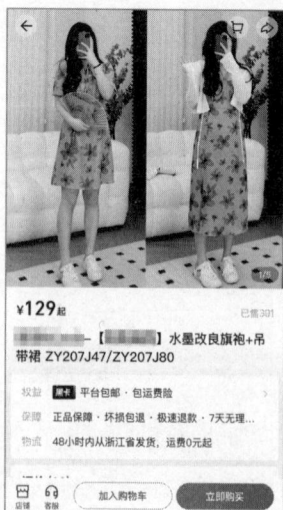

图 3-8　通过"逛街"界面查看商品的相关信息

抖音盒子 App 的推出对于商家和带货达人来说都是有好处的。对于商家来说，添加至抖音平台中的商品也可以在抖音盒子中找到，这就相当于增加了商品的销售渠道；而对于带货达人来说，只需使用抖音账号登录抖音盒子 App，并开启"抖音作品及电商直播间"功能（笔者将在 6.4 节中介绍具体方法），即可让带货短视频同时出现在抖音 App 和抖音盒子 App 中，增强带货的效果，赚取更多的佣金。

3.2　商家复产护航计划

2022 年 5 月 15 日，抖音电商启动"商家复产护航计划"，对上海、北京、武汉、长春、沈阳等全国 100 余县市的商家进行持续帮扶，为这些地区的商家恢复生产和经营热度"护航"。具体来说，"商家复产护航计划"的帮扶举措主要体现在以下四个方面。

1. 政策扶持

此次的"商家复产护航计划"，通过对所在地区的商家进行多重补贴，缓解商家的资金压力，具体如下。

（1）为符合条件的商家提供运费险补贴和极速收款支持，并为其中开通巨量千川的账户提供补贴，从而让受困的商家缩短账期、缓解资金压力。

（2）延长对应商家的订单收货时效，豁免超时判罚，并对店铺的流量体验分进行自动更新，商家无须再花时间和精力进行报备。

（3）减免相关商家的企业认证费用，并为其提供零粉丝挂购物车的福利。

2. 物流扶持

抖音电商从 2022 年 3 月开始，邀请多家物流公司提供赔付兜底、履约保障、价格承诺等服务，为商家履约和消费者购物提供快递保障。除此之外，抖音电商还将为相关地区的商家提供供应链云仓服务，保障商家的物流运营，并为商家提供物流费用补贴。

3. 专线服务

2022 年 5 月 15 日至 2022 年 6 月底，抖音电商为相关商家开通了"7×24 小时"在线和热线服务，帮助商家解决运营过程中遇到的相关问题，保证商家店铺运营的正常运行。

4. 平台活动

从 2022 年 5 月 15 日起，抖音电商将通过抖音平台开启"百城品质购"活动，投入 25 亿元流量补贴和 2 亿元消费券，助力商家销售商品，提升用户的购物体验。

具体来说，本次活动通过平台达人、抖音电商官方直播间与商家合作开展直播，为商家免费进行带货，降低商家的运营成本。同时，在活动中推出了"任务赛"玩法，商家可以通过自主直播带货完成相关任务，获得抖音电商提供的流量扶持和千川券补贴。

随着"百城品质购"活动的进行，在抖音平台中出现了相关的话题，图 3-9 所示为"＃百城品质购"的话题界面。相关商家和达人则借助这个话题的热度进行带货，吸引用户购买相关商品。图 3-10 所示为某达人发布的带货短视频。

图 3-9　"＃百城品质购"的话题界面　图 3-10　某达人发布的带货短视频

除此之外，抖音电商还结合抖音平台上的一些其他活动（如"抖音 618 好物节"活动），为商家的复工复产提供更多的扶持，让商家获得更多的流量，从而有效地提升其店铺的商品销量。

3.3　抖音全民好书计划

2021 年 4 月 19 日至 2021 年 4 月 25 日，抖音电商在平台上推出了"抖音全民好书计划"，邀请 50 多位作家、名人和抖音创作者参与短视频和直播荐书，创造出一个良好的读书氛围。

为了给"抖音全民好书计划"造势,抖音电商还通过官方账号发布了宣传推广短视频,如图 3-11 所示。许多用户通过该短视频,增加了对"抖音全民好书计划"的了解,部分用户甚至积极响应抖音电商的号召,变身好书推广达人,通过发布短视频来推荐自己认可的图书。

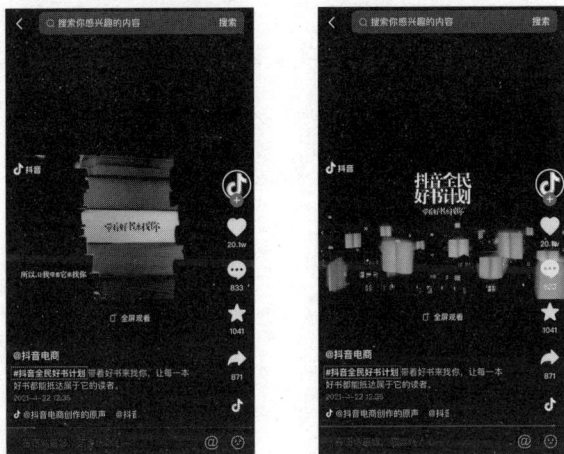

图 3-11　抖音电商发布的"抖音全民好书计划"宣传推广短视频

也正是因为如此,"抖音全民好书计划"成为抖音平台上的一个热点话题,相关的短视频播放量甚至超过 85 亿次。图 3-12 所示为"#抖音全民好书计划"的话题界面。许多达人则趁势发布了带有该话题的短视频,并为用户推荐优质的图书,如图 3-13 所示。

图 3-12　"#抖音全民好书计划"的话题界面　图 3-13　带有相关话题的带货短视频

2021年推出的"抖音全民好书计划"充分发挥了抖音平台的兴趣电商优势，让很多用户发现并买到了很多新书、好书，丰富了用户的精神生活，营造了良好的阅读氛围。同时，该计划的实施也推动了图书的销售，提升了图书销售类商家的店铺销售额。

而抖音平台在看到"抖音全民好书计划"的良好效果之后，于2022年推出了其他的图书阅读类活动，如"春天开阅季""夏日悦读会"等，这些活动进一步让抖音平台的"全民阅读"落到了实处。图3-14所示为抖音电商发布的"夏日悦读会"宣传推广短视频。

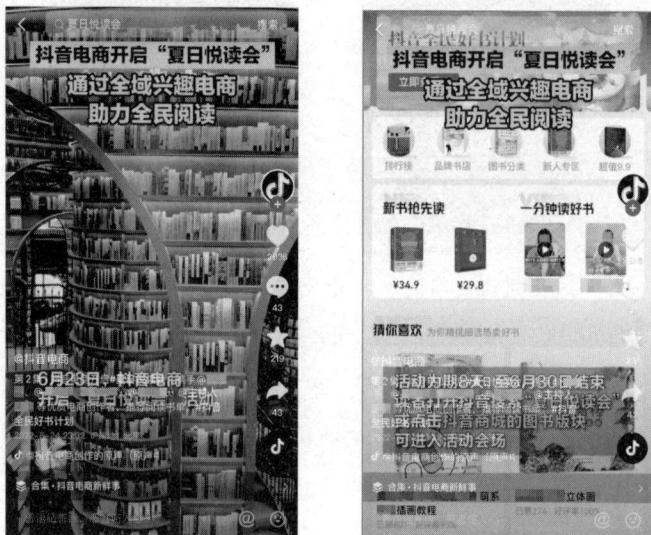

图3-14　抖音电商发布的"夏日悦读会"宣传推广短视频

3.4　"山货上头条"活动

很多地方的农特产品要想摆上消费者的餐桌，必须经历多层运输和分销。名气大的农特产品可能还好，那些没有名气的农特产品可能很难走出方圆百里的范围。也正是因为如此，即便收成好，农人也不一定能获得好的收益。

为了帮助农人把农特产品卖出去，2021年12月24日至2022年1月16日，抖音电商联合平台中的众多美食达人推出了"山货上头条"活动，该活动涉及山东、山西、贵州等16个省、11个县市，许多不太知名的农特产品走进了大众的视野。

同时，为了给"山货上头条"活动造势，提高该活动的热度，也为了让更多商家、达人加入山货的推广中来，抖音电商发布了相关的宣传推广短视频，如图 3-15 所示。

图 3-15　抖音电商发布的"山货上头条"宣传推广短视频

　　虽然此次活动持续的时间并不是很长，但是借助抖音兴趣电商的优势，也让很多山货成功热销全国。其中，比较典型的热销山货包括河南省开封市万隆乡的蜜薯和广西壮族自治区百色市田东县的沃柑。抖音电商更是发布相关的短视频对这两种热销的山货进行宣传，如图 3-16 所示。

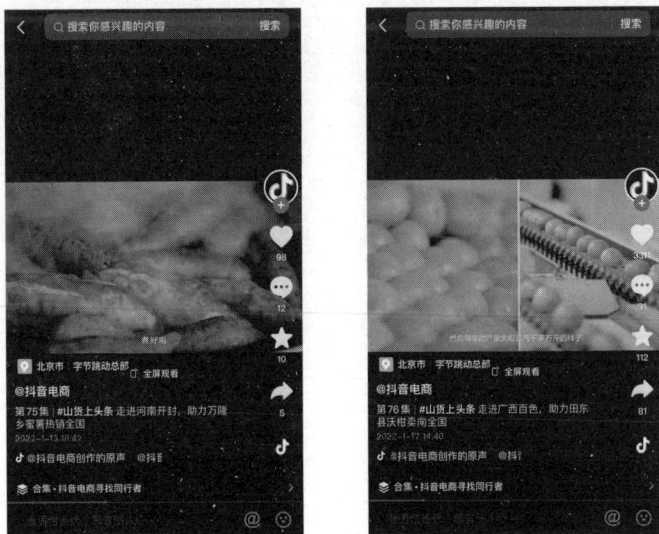

图 3-16　抖音电商对山货热销的宣传短视频

　　在举办本次活动的 24 天里，"山货上头条"快速成为抖音平台上的一个热门话题，众多达人和农人借势发布了带货短视频，成功帮助 3 000 多款农特产品销往各地，这也让许多农人感受到了兴趣电商的巨大市场潜力。图 3-17 所示为"山货上头条"活动的部分数据，可以说这场活动对于农特产品的促销作用，比起很多电商平台的重大活动还要大一些。

图 3-17　"山货上头条"活动的部分数据

3.5　"美食原产地"项目

　　"美食原产地"是抖音电商扶持食品生鲜行业的一个重点项目，该项目立足于将全国各地的原产地好物带给消费者。为了推动该项目的进行，抖音电商发布了专门的宣传推广短视频，如图 3-18 所示。

图 3-18　抖音电商发布的"美食原产地"项目宣传推广短视频

该项目的重点主要体现在两个方面：一是挖掘源头好货，为用户提供优质的商品；二是借助兴趣电商的优势，通过讲好故事来提高商品的转化率。为了更好地推进该项目，鼓励商家和达人主动推荐原产地好物，抖音电商特意打造了"#美食原产地"话题。图 3-19 所示为"#美食原产地"话题界面的部分内容，可以看到相关短视频的播放量达到 30 亿次。

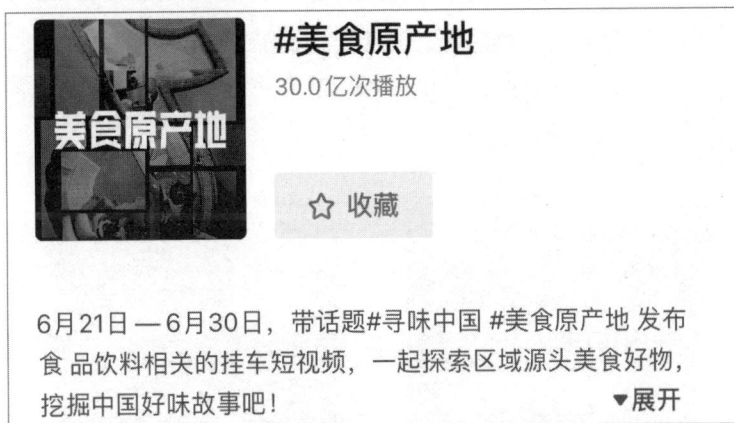

图 3-19　"#美食原产地"话题界面的部分内容

例如，某达人通过短视频对自己老家的蜜薯进行了推荐，在该短视频中不仅带上了"#美食原产地"这个话题，而且还为用户提供了购买链接，如图 3-20 所示。部分用户看到这条短视频之后，对其中的蜜薯产生了兴趣，并进行了购买。

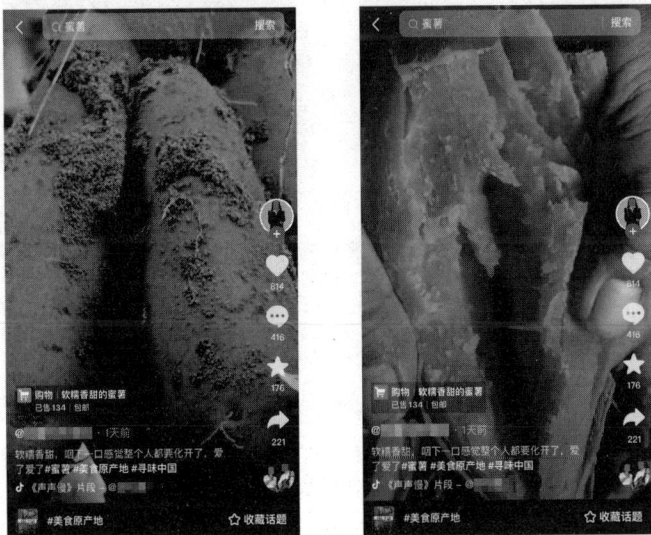

图 3-20　带有"#美食原产地"话题的带货短视频

3.6 "抖 in 域见好货"计划

随着商业的发展，全国已经形成了上百个优质货品的产业带，在这些产业带（指带状链条的产业集中区域，其显著特征在于形成了产业聚集效应，可以提供源头的优质好货）内入驻了大量的商家。

为了带动这些产业带和相关商家的发展，抖音电商启动了"抖 in 域见好货"计划。抖音平台通过整合营销、商服培训、流量扶持和市场宣发等方式，塑造产业带名片。例如，抖音电商小助手发布了"抖 in 域见好货"计划的宣传推广短视频，如图 3-21 所示。

图 3-21 抖音电商小助手发布的"抖 in 域见好货"计划宣传推广短视频

抖音电商将通过"抖 in 域见好货"计划给产业带中的商家和服务商提供三个方面的助力：一是通过平台大促，提高产业带的知名度；二是通过产业带活动，塑造产地名片；三是通过产业带的日常活动，增加相关商家的曝光量。

例如，"抖 in 域见好货"计划针对产业带打造了首个活动"常熟服装·夏日织造节"。在此次活动期间，抖音平台采取了一些举措进行造势：一方面，通过话题打造和直播等方式，提高活动的热度；另一方面，通过邀请明星、达人制造和参与话题，以及组织商家参与排位赛等方式，让"抖 in 域见好货"计划成功出圈，提高了产业带的销售总额。

图 3-22 所示为"# 抖 in 域见好货"的话题界面，可以看到相关短视频

的播放量达到 3.1 亿次，由此也可以看出这个话题的热度之高。而很多达人也借势进行了营销推广，通过在短视频中添加相关话题来销售产业带中的商品，如图 3-23 所示，让更多用户关注和购买这些商品。

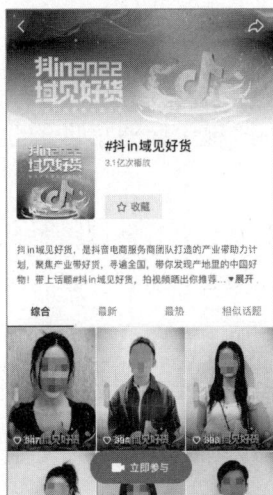

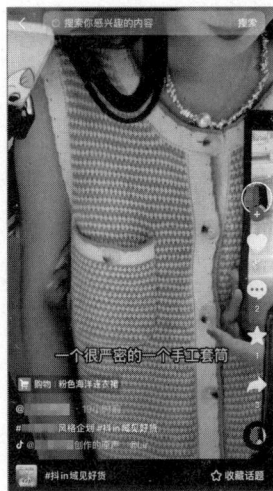

图 3-22　"＃抖 in 域见好货"的话题界面

图 3-23　通过在短视频中添加相关话题来销售产业带中的商品

在"抖 in 域见好货"计划启动期间，适逢"618 电商节"，因此抖音平台结合"618 电商节"举办了一次大型活动。图 3-24 所示为此次活动的流程介绍。相关商家和达人可以在规定时间内报名参加相关活动，不仅能为推动产业带的发展贡献一份力量，同时也能有效提高商家和达人自身的收益。

图 3-24　活动流程介绍

这次活动相当于将"抖in域见好货"计划和"618电商节"的热度聚合到一起，因而吸引了大量商家、达人和用户的注意。商家和达人通过商品销售增加了自身的收益，而用户则通过此次活动购买了大量的优质商品。

3.7 抖音线上线下的业务布局

除了上述举措和计划外，抖音为了推动全域兴趣电商的发展，还对线上线下的业务进行了一些布局，具体如下。

（1）将云零售和抖音平台的地址认领功能进行结合，通过线上下单、线下消费的方式，提高线下商家的商品销量，推动线下商家的发展，从而实现兴趣电商的全局增长。

（2）建设供应链云仓，协调多地的仓配资源，在供应链云仓端发布云仓商品，解决商家因爆仓而无法及时给用户发货的问题，从而为用户提供更好的购物体验。

（3）推出"DOU2000计划"，推动头部品牌的发展；推出"抖品牌计划"，推动新锐品牌的发展，从而全面建设抖音品牌营销阵地，展现出抖音电商的巨大发展潜力，让品牌和商家将更多精力投入抖音电商运营上来。

（4）针对国内的产业集群，打造百强产业带，扶持产业带内的商家，更好地推动区域经济的发展。

第**4**章

严控选品提高
带货口碑

在通过抖音平台做兴趣电商时，运营者需要严控选品，选择高品质的商品进行销售。这样的商品不仅更能勾起用户的购买兴趣，还能有效地提升账号的带货口碑。

4.1　为什么要做选品

对于运营者来说，选品就是选择要进行带货的商品。那么，为什么要做选品呢？笔者认为主要有以下几个原因。

1.　找到更适合的商品

除了自家拥有的商品外，运营者还可以给其他人的商品进行带货，因此对于运营者来说，可供带货的商品是比较多的，但并不是所有商品都适合自己进行带货。而在选品过程中，运营者则可以通过层层筛选，找到更适合自己进行带货的商品。

2.　提高带货的口碑

相比于随便选的商品，经过选品之后确定的商品更加靠谱。通过严控选品进行的带货，用户买到商品之后会更加满意并给出好评，而运营者的带货口碑分则会维持在较高的水准。

3.　提升带货的收益

大部分做兴趣电商的运营者都希望能够通过抖音带货获得一定的收益，甚至部分运营者还将带货收益作为自己的主要收入来源，对于这部分运营者来说，做好选品就显得尤为重要了。如果选品做得好，找到了爆品，那么，随着商品的爆火，运营者的带货收益也会直线上升。

4.2　带货选品的步骤

带货选品并不是随便选个商品引导用户购买就可以了，如果选的商品不够好、对用户没有吸引力，那么，无论运营者再怎么引导，用户可能也不会买单。那么，如何才能快速选到合适的商品呢？这就需要重点把握以下选品的步骤。

1.　确定商品的品类

运营者可以先根据账号的定位来确定带货商品的品类，比如摄影类账号可以选择摄影设备进行带货。

2.　细化商品的品种

每个品类都包含了很多种商品，运营者需要进一步细化商品的品种，确定要带货的是哪种商品。比如，运营者可以根据要发布的内容来确定带货商品的品种。当运营者发布延时视频的拍摄内容时，便可以将带货商品确定为三脚架，因为拍摄延时视频需要长时间稳定画面，此时便需要用到三脚架等设备。

3. 查看商品的信息

确定了带货商品的品种之后，运营者可以通过输入关键词，查看市面上的相关商品，并查看商品的信息。如果运营者觉得商品还不错，可以将其买回来作为样品。

4. 亲身试用样品

运营者可以选择几款商品作为样品，并亲身试用。试用完成后，根据自身体验分析这几款商品的优缺点。

5. 确定带货的商品

运营者结合样品的优缺点，从中选择体验相对较好的商品作为带货商品。确定了带货商品之后，运营者便可以将对应商品添加至抖音商品橱窗中，并通过短视频和直播进行带货了。

4.3 带货选品的要点

在选品过程中，为了选到更受用户欢迎的商品，提高爆品打造的成功率，运营者需要把握以下几个要点。

1. 价格

选品时价格是必须重点考虑的一个因素，毕竟大部分用户都想要购买物美价廉的商品，谁也不想多花冤枉钱。因此，在选品过程中，运营者最好选择同类中价格相对偏低的商品进行带货，这样选择的商品对用户通常更具有吸引力。

2. 销量

销量是反映商品受欢迎程度的一个重要参考指标，通常来说，销量较高的商品，用户的需求量会比较大，也更容易打造成爆品。所以，运营者在选品时，最好选择销量较高的商品进行带货。

3. 佣金率

如果运营者比较看重带货的佣金率，希望每单获得较为可观的收益，则可以通过如下操作根据商品的佣金率对"抖音电商精选联盟"中的商品进行排序，并选择佣金率较高的商品进行带货。

▶▶ 步骤1 进入抖音 App 的"我"界面，点击"商品橱窗"按钮，如图 4-1 所示。

▶▶ 步骤2 执行操作后，进入"商品橱窗"界面，点击"选品广场"按钮，如图 4-2 所示。

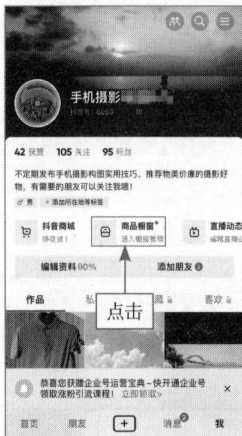

图 4-1　点击"商品橱窗"按钮　　图 4-2　点击"选品广场"按钮

▶▶ 步骤3 执行操作后，进入"抖音电商精选联盟"界面，点击界面中的搜索框，如图 4-3 所示。

▶▶ 步骤4 执行操作后，❶在搜索框中输入商品关键词，如"三脚架"；❷点击"搜索"按钮，如图 4-4 所示。

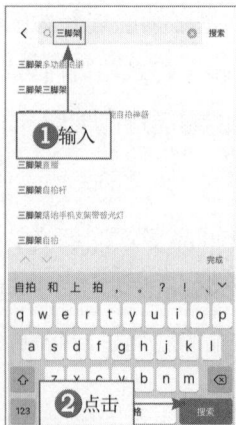

图 4-3　点击搜索框　　　图 4-4　输入商品关键词进行搜索

▶▶ 步骤5 执行操作后，会自动进入搜索结果界面，点击"佣金率"按钮，如图4-5所示。

▶▶ 步骤6 执行操作后，系统将自动根据佣金率从高到低的顺序对商品进行排序，如图4-6所示。运营者可以选择其中排序靠前的商品进行带货，让自身的带货收益更有保障。

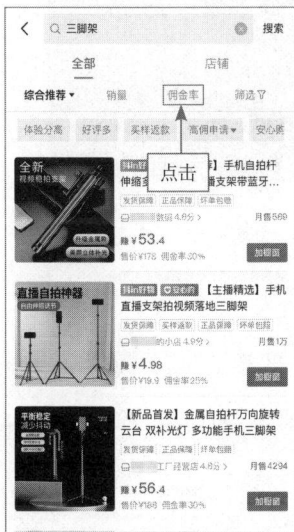

图 4-5　点击"佣金率"按钮　　图 4-6　商品根据佣金率从高到低的顺序排序

4. 好评率

通常来说，好评率高的商品会更加可靠。运营者可以查看用户对商品的评价，并选择好评率较高的商品进行带货。具体来说，运营者可以通过如下操作查看用户对商品的评价。

▶▶ 步骤1 在"抖音电商精选联盟"界面的搜索框中输入商品关键词，对商品进行搜索，点击搜索结果中对应商品的标题，如图4-7所示。

▶▶ 步骤2 执行操作后，进入对应商品的"商品推广信息"界面，如图4-8所示。

▶▶ 步骤3 滑动界面，即可看到"商品评价"板块，点击该板块中的"好评率"按钮，如图4-9所示。

▶▶ 步骤4 执行操作后，即可进入"商品评价"界面，查看用户对商品的具体评价，如图4-10所示，运营者可以选择用户评价比较好的商品进行带货。

专家提醒：如果运营者比较看重用户的评价，则可以将评价数量多、好评率高的商品添加至抖音橱窗中并进行带货。因为如果写评价的用户数量过少，那么商品的好评率可能不太具有参考性。

图 4-7　点击搜索结果中对应商品的标题

图 4-8　"商品推广信息"界面

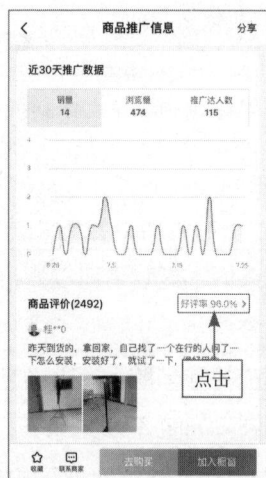

图 4-9　点击"好评率"按钮

图 4-10　"商品评价"界面

5. 店铺评分

部分用户在选择商品时，可能会比较看重商品所在店铺的评分，如果店铺评分太低，那么用户可能会觉得该店铺销售的商品不太可靠。对此，运营者可以查看店铺评分，并选择评分较高的店铺中的商品进行带货。具体来说，运营者可以通过如下操作查看商品所在店铺的评分，并选择合适的商品进行带货。

▶▶ 步骤1 在"抖音电商精选联盟"界面的搜索框中输入商品关键词，对商品进行搜索，点击搜索结果中对应商品的标题，即可进入"商品推广信息"界面，运营者可以在商品标题的下方查看商家体验分，如图 4-11 所示。

▶▶ 步骤2 除了商家体验分外，运营者还可以查看店铺的其他评分情况。具体来说，运营者只需滑动"商品推广信息"界面，即可在店铺名称的下方查看其商品体验分、物流体验分和商家服务分，如图 4-12 所示，运营者可以将店铺评分比较高的商品添加至橱窗中进行带货。

图 4-11　查看商家体验分　　　图 4-12　查看店铺的其他评分情况

4.4　掌握选品的常见技巧

在通过抖音商品橱窗带货的过程中，运营者可以运用选品技巧，选择合适的带货商品，并将其添加至橱窗中。下面笔者就来为大家讲解选品的常见技巧，帮助大家快速找到合适的带货商品。

1. 根据自身优势选品

在抖音账号的运营过程中，运营者可能会获得一些优势，如图 4-13 所示。在通过抖音带货的过程中，运营者可以根据自身的优势来选择适合自己的品类，这样用户会更愿意购买你的商品，而你获得的收益也会更有保障。

例如，美食博主可以选择食品饮料类商品进行带货。那么，运营者如何在"抖音电商精选联盟"中选择合适的商品品类进行带货呢？下面笔者就来为大家介绍具体的操作步骤。

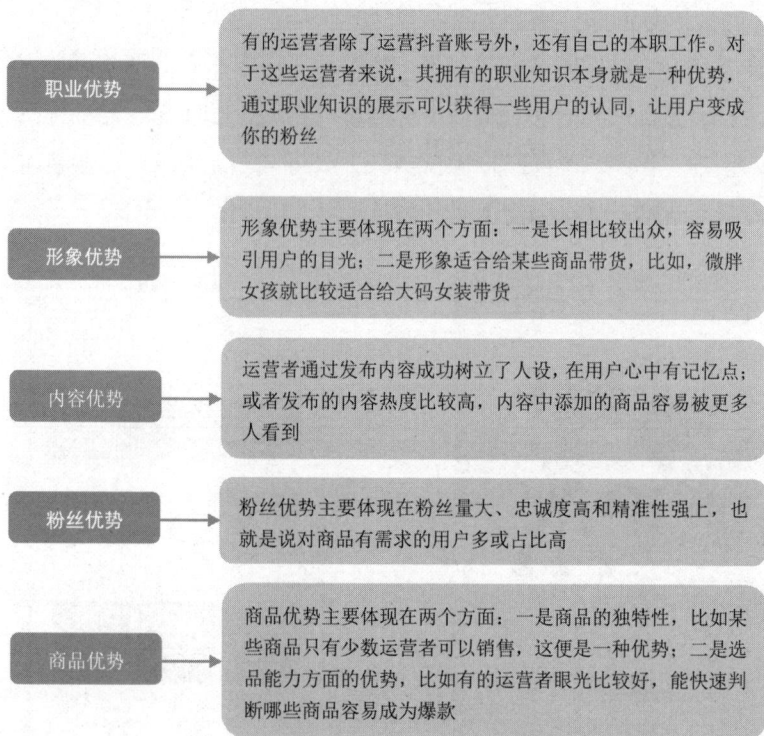

职业优势	有的运营者除了运营抖音账号外，还有自己的本职工作。对于这些运营者来说，其拥有的职业知识本身就是一种优势，通过职业知识的展示可以获得一些用户的认同，让用户变成你的粉丝
形象优势	形象优势主要体现在两个方面：一是长相比较出众，容易吸引用户的目光；二是形象适合给某些商品带货，比如，微胖女孩就比较适合给大码女装带货
内容优势	运营者通过发布内容成功树立了人设，在用户心中有记忆点；或者发布的内容热度比较高，内容中添加的商品容易被更多人看到
粉丝优势	粉丝优势主要体现在粉丝量大、忠诚度高和精准性强上，也就是说对商品有需求的用户多或占比高
商品优势	商品优势主要体现在两个方面：一是商品的独特性，比如某些商品只有少数运营者可以销售，这便是一种优势；二是选品能力方面的优势，比如有的运营者眼光比较好，能快速判断哪些商品容易成为爆款

图 4-13 抖音账号运营过程中可能获得的优势

▶▶ 步骤1 进入抖音 App 的"抖音电商精选联盟"界面，点击界面中的图标，如图 4-14 所示。

▶▶ 步骤2 执行操作后，进入"商品分类"界面，点击界面中对应分类的按钮，如"糖巧果脯"按钮，如图 4-15 所示。

▶▶ 步骤3 执行操作后，进入"糖巧果脯"界面，在该界面中会展示各种糖巧果脯类食品，如图 4-16 所示。

专家提醒：在选择带货品类时，商家和运营者还可以点击对应品类界面中的"销量""佣金"或"价格"按钮，让商品按照一定的顺序进行排列，这样更容易找到符合自身需求的商品。

图 4-14　点击 ☰ 图标

图 4-15　点击"糖巧果脯"按钮

除了点击 ☰ 图标选择带货类别外，运营者还可以通过"抖音电商精选联盟"界面中的导航栏选择带货品类，具体操作步骤如下。

▶▶ 步骤1　进入抖音 App 的"抖音电商精选联盟"界面，滑动导航栏，点击对应分类的按钮，如"食品饮料"按钮，如图 4-17 所示。

图 4-16　"糖巧果脯"界面

图 4-17　点击"食品饮料"按钮

▶▶ 步骤2　执行操作后，在界面中会出现下拉分类列表框，选择列表框中对应的细分类别选项，如"露酒 / 果酒"选项，如图 4-18 所示。

▶▷ 步骤3 执行操作后，进入"露酒/果酒"界面，在该界面中会展示各种露酒或果酒，如图4-19所示。

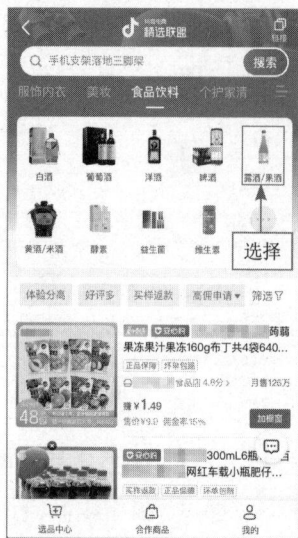

图4-18 选择"露酒/果酒"选项

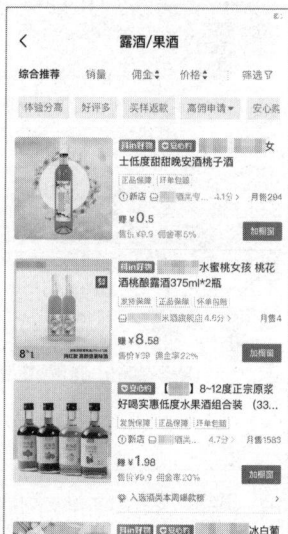

图4-19 "露酒/果酒"界面

2. 参照达人经验选品

在为带货短视频选品时，运营者可以查看带货达人的带货数据，借鉴其经验，选择受用户欢迎的商品进行带货。以蝉妈妈抖音版平台为例，运营者可以通过如下操作查看达人的带货数据，并选择受欢迎的商品进行带货。

▶▷ 步骤1 进入蝉妈妈的官方网站默认页面，将鼠标指针停留在"抖音分析平台"按钮上，会出现一个窗口，选择该窗口中的"达人库"选项，如图4-20所示。

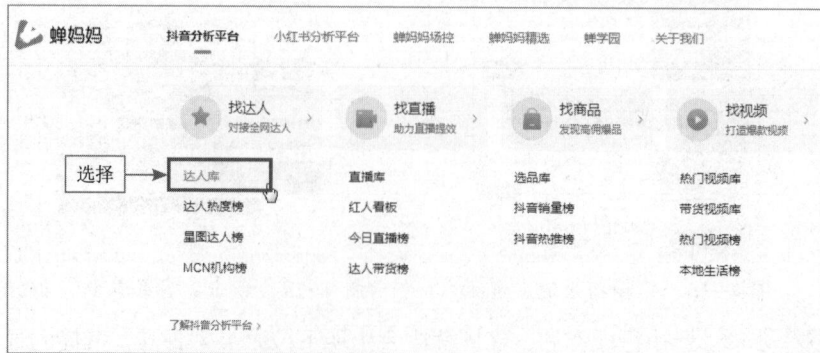

图4-20 选择"达人库"选项

▶▶ 步骤 2 执行操作后，进入"达人库"页面，如图 4-21 所示。

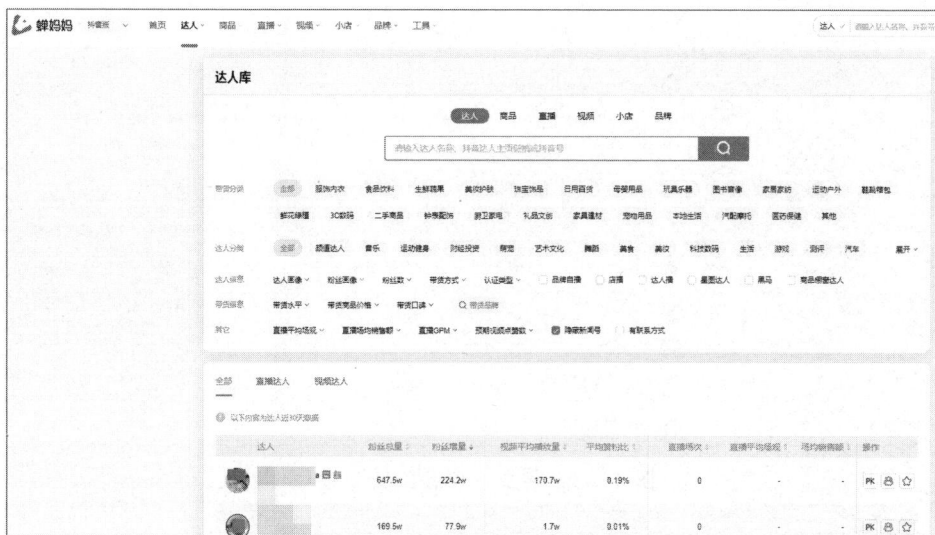

图 4-21　进入"达人库"页面

▶▶ 步骤 3 将鼠标指针停留在"达人"按钮上，会出现一个窗口，选择该窗口中的"达人带货榜"选项，如图 4-22 所示。

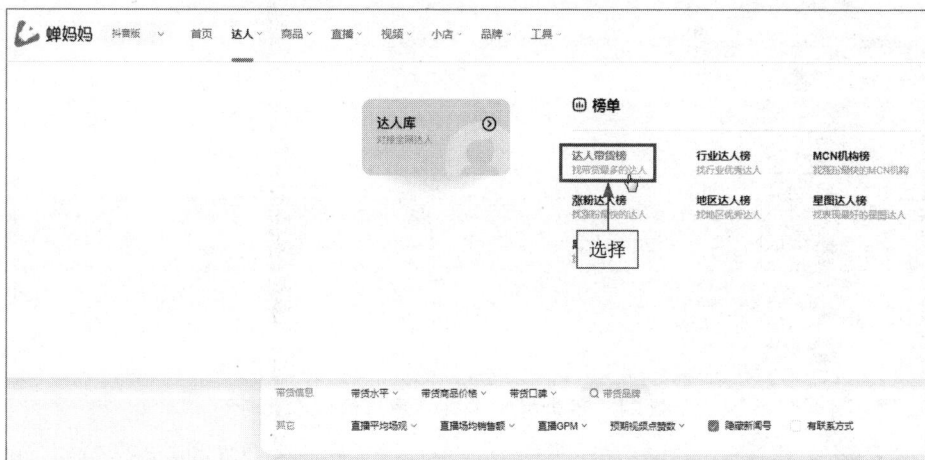

图 4-22　选择"达人带货榜"选项

▶▶ 步骤 4 执行操作后，进入"达人带货榜"页面，单击"带货分类"中的类别按钮，如"食品饮料"按钮，如图 4-23 所示。

▶▶ 步骤 5 执行操作后，即可查看对应类别的达人带货榜，单击榜单中排名靠前的达人账号，如图 4-24 所示。

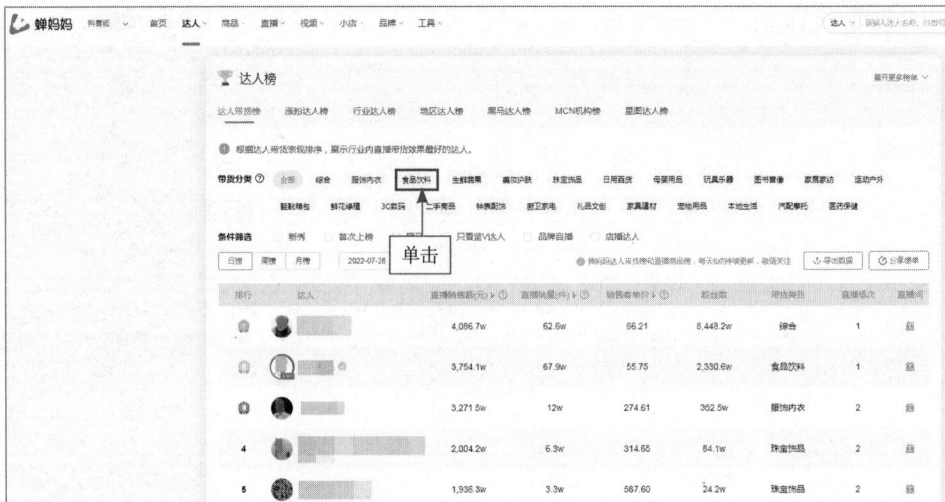

图 4-23　单击"食品饮料"按钮

图 4-24　单击榜单中排名靠前的达人账号

▶▶ 步骤6　执行操作后，即可进入对应达人账号的"基础分析"页面，单击导航栏中的"带货分析"按钮，如图 4-25 所示。

▶▶ 步骤7　执行操作后，进入对应达人账号数据分析的"带货分析"页面，滚动鼠标滚轮，即可在"商品记录"板块中查看各带货商品的数据，如图 4-26 所示。运营者可以根据销量和销售额判断该板块商品的受欢迎程度，并从中选择比较受用户欢迎的商品进行带货。

图 4-25 单击"带货分析"按钮

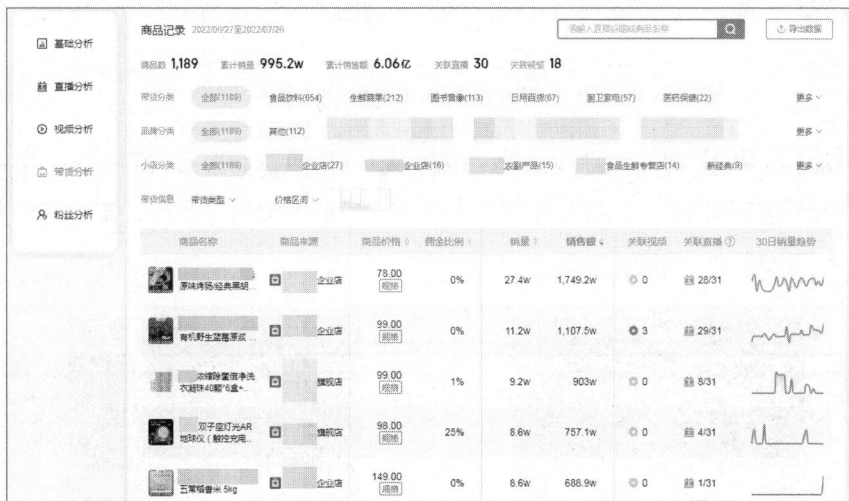

图 4-26 查看各带货商品的数据

3. 根据抖音榜单选品

抖音官方推出了"爆款榜",运营者可以通过该榜单选择合适的商品进行带货,具体操作步骤如下。

▶▶ 步骤1 进入抖音 App 的"抖音电商精选联盟"界面,点击"爆款榜"按钮,如图 4-27 所示。

▶▶ 步骤2 执行操作后,进入"精选联盟爆款榜"界面,会默认展示商品销量的"实时榜",如图 4-28 所示。

严控选品提高带货口碑

图 4-27　点击"爆款榜"按钮

图 4-28　商品销量的"实时榜"

▶▶ 步骤3 运营者可以点击"精选联盟爆款榜"界面中的相关按钮，查看其他周期的榜单，如点击"周榜"按钮，查看过去一周的商品销量排行情况，如图 4-29 所示。

▶▶ 步骤4 除了周期按钮外，运营者还可以点击对应品类的按钮，查看该品类商品的排行情况。比如，运营者可以点击"智能家居"按钮，查看智能家居类商品的销量排行情况，如图 4-30 所示。

图 4-29　点击"周榜"按钮

图 4-30　点击"智能家居"按钮

4. 根据第三方平台榜单选品

通常来说，很多数据分析平台都有一些与商品相关的排行榜，运营者可以参考这些排行榜，选择受用户欢迎的商品进行卖货。下面笔者就以蝉妈妈抖音版平台为例，为大家讲解查看排行榜的操作方法。

▶▶步骤1 进入蝉妈妈的官方网站默认页面，将鼠标指针停留在"抖音分析平台"按钮上会出现一个窗口，选择该窗口中的"抖音销量榜"选项，如图 4-31 所示。

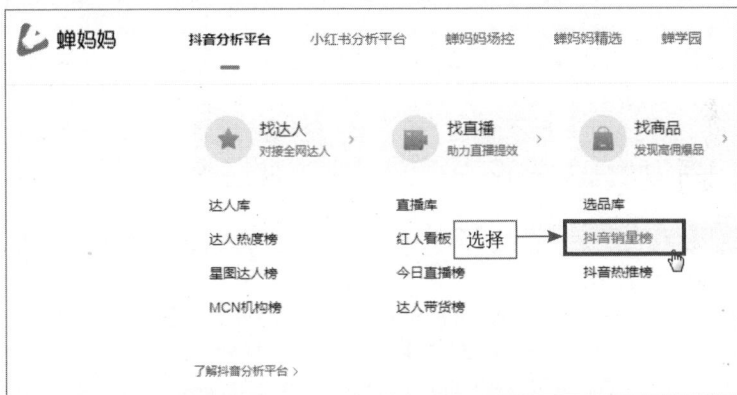

图 4-31 选择"抖音销量榜"选项

▶▶步骤2 执行操作后，即可进入"抖音销量榜"页面，查看一段时间内抖音商品的销量排行情况。如果运营者要查看某类商品在抖音平台中的销量，则可以单击该类别对应的按钮，如"食品饮料"按钮，如图 4-32 所示。

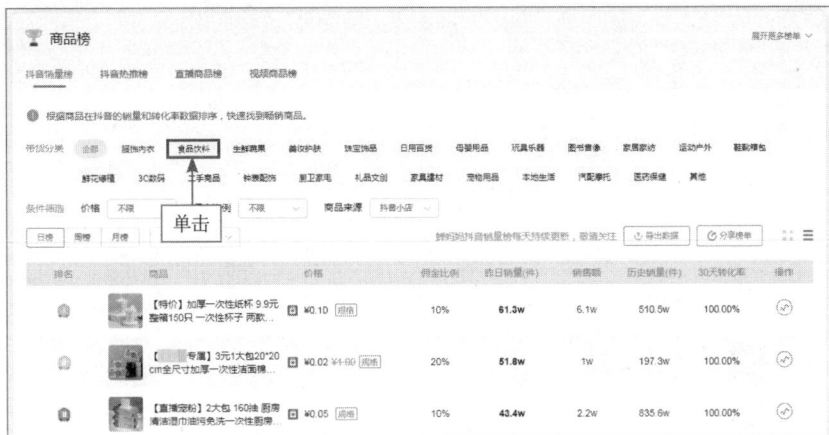

图 4-32 单击"食品饮料"按钮

▶▶ 步骤3 执行操作后，即可进入"食品饮料"页面，查看食品饮料类商品的销量排行情况。蝉妈妈抖音版默认呈现的是前一天的"抖音销量榜"，如果运营者要查看不同时间段的榜单情况，则可以单击对应的按钮，如单击"周榜"按钮，如图 4-33 所示。

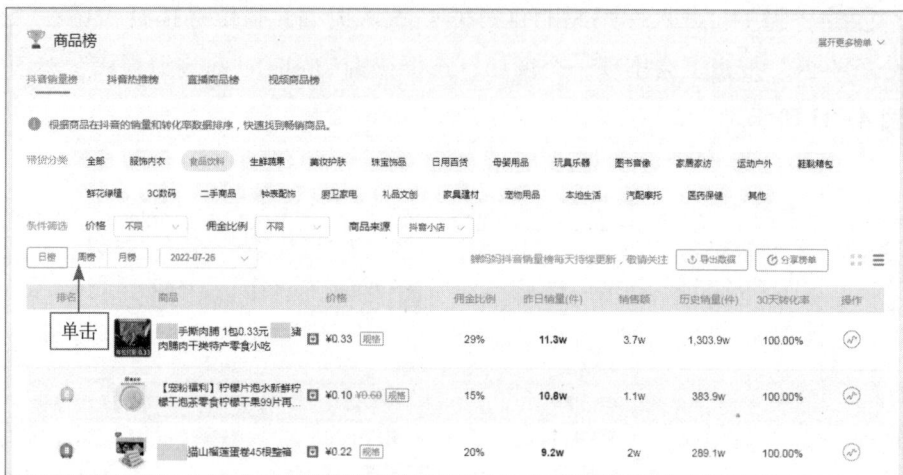

图 4-33 单击"周榜"按钮

▶▶ 步骤4 执行操作后，即可查看近一个星期的"抖音销量榜"，如图 4-34 所示。"抖音销量榜"是根据商品在抖音平台（包括抖音盒子平台）中的销量进行排名的，排名越靠前的商品，通常越受用户欢迎。运营者可以选择该榜单中排名靠前的商品进行带货，让自己的带货销量更有保障。

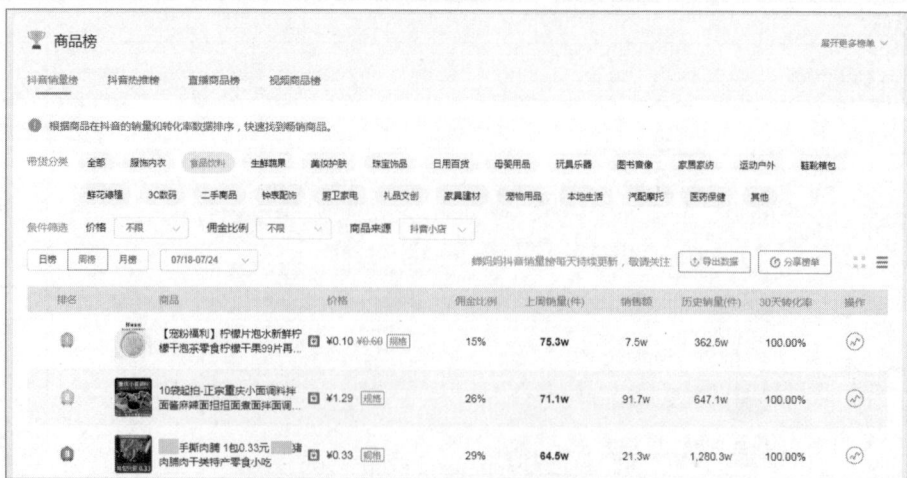

图 4-34 近一个星期的"抖音销量榜"

除了"抖音销量榜"外，运营者还可以通过其他榜单来选择带货商品。如果运营者要了解哪些商品比较受带货达人的欢迎，则可以单击"抖音热推榜"按钮，进入对应页面，查看哪些商品受到更多卖货达人的推荐，如图4-35所示。

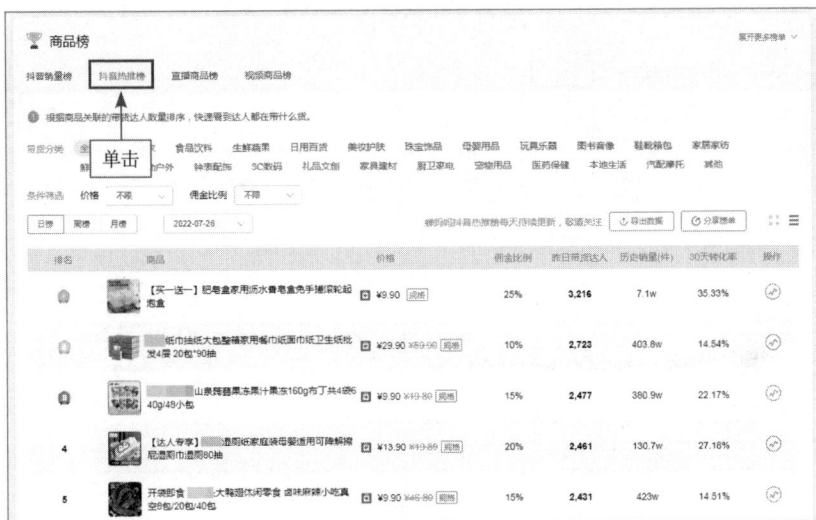

图 4-35 "抖音热推榜"页面

"直播商品榜"是根据一段时间内商品的直播销量进行排名的。运营者可以单击"直播商品榜"按钮，进入对应页面，查看前一天哪些直播商品比较受用户欢迎，如图4-36所示。

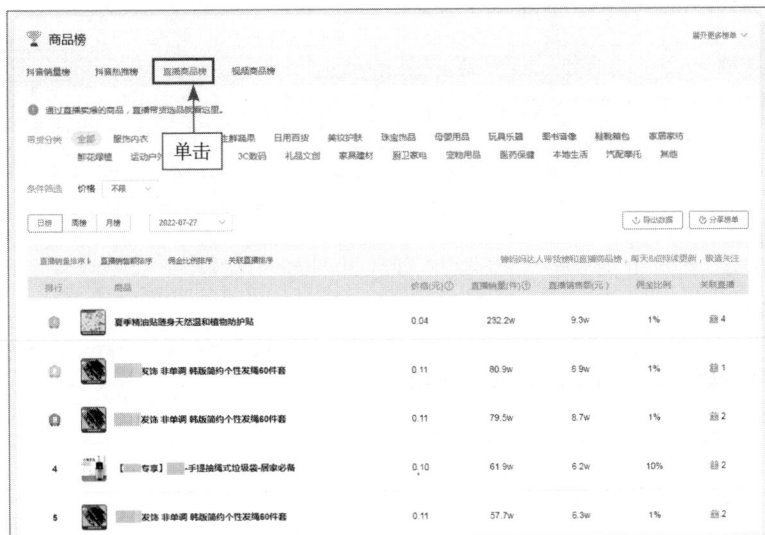

图 4-36 "直播商品榜"页面

可能在直播中受欢迎的商品，在短视频中不一定受欢迎。对此，运营者可以单击"视频商品榜"按钮，如图 4-37 所示，查看哪些商品适合进行抖音短视频带货。

图 4-37 "视频商品榜"页面

当然，除了上述的商品类榜单外，运营者还可以通过其他类型的榜单来选择带货商品，具体操作步骤如下。

▶▶ 步骤1 进入"视频商品榜"页面，单击右上方的"展开更多榜单"按钮，如图 4-38 所示。

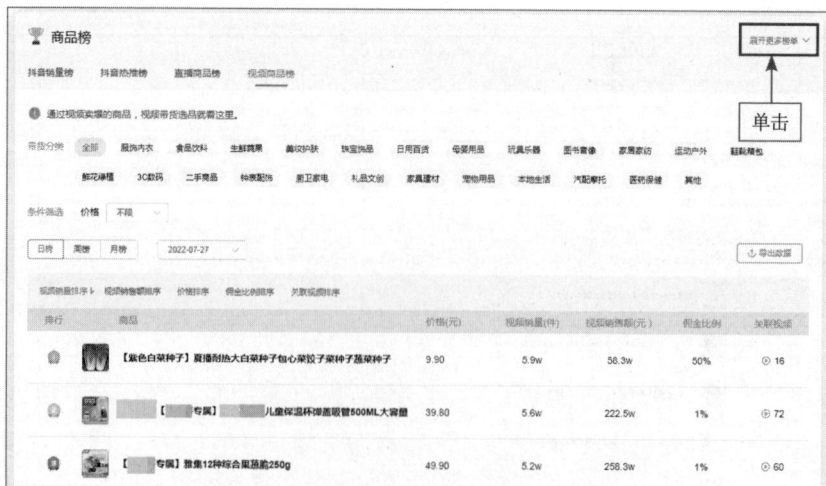

图 4-38 单击"展开更多榜单"按钮

步骤2 执行操作后，在展开的列表框中会出现各种榜单的名称，单击对应榜单的按钮，如单击"今日带货榜"按钮，如图 4-39 所示。

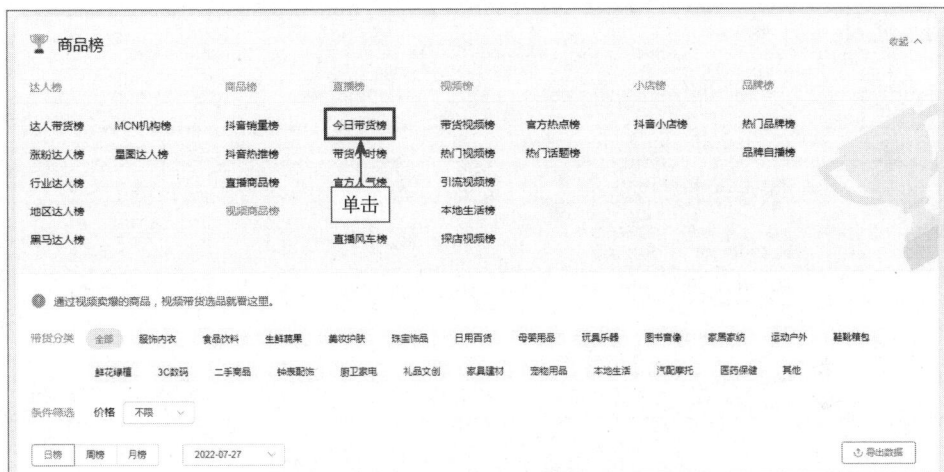

图 4-39　单击"今日带货榜"按钮

步骤3 执行操作后，即可进入"今日带货榜"页面，查看当日的直播带货排名情况，单击某直播的标题，如图 4-40 所示。

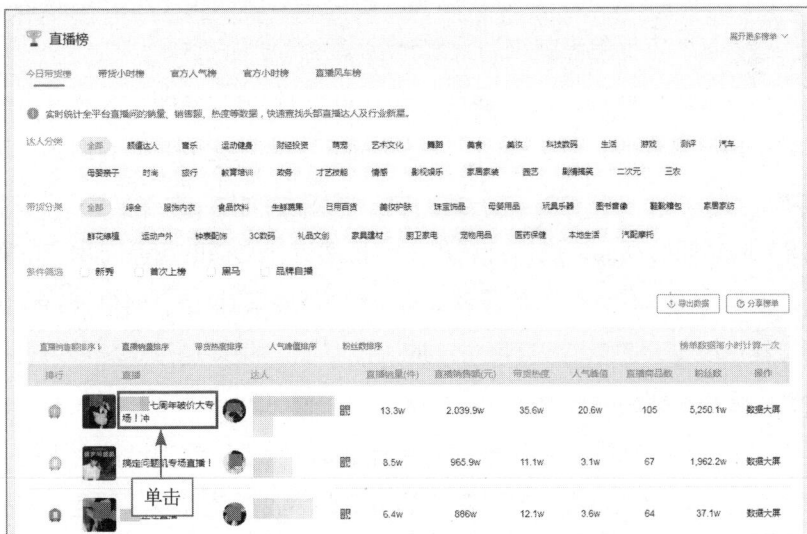

图 4-40　单击某直播的标题

步骤4 执行操作后，进入对应直播的数据分析页面，单击导航栏中的"商品分析"按钮，即可进入对应页面查看该场直播的商品销售情况，如图 4-41 所示，运营者可以选择其中销售数据较好的商品进行带货。

第 4 章

严控选品提高带货口碑

65

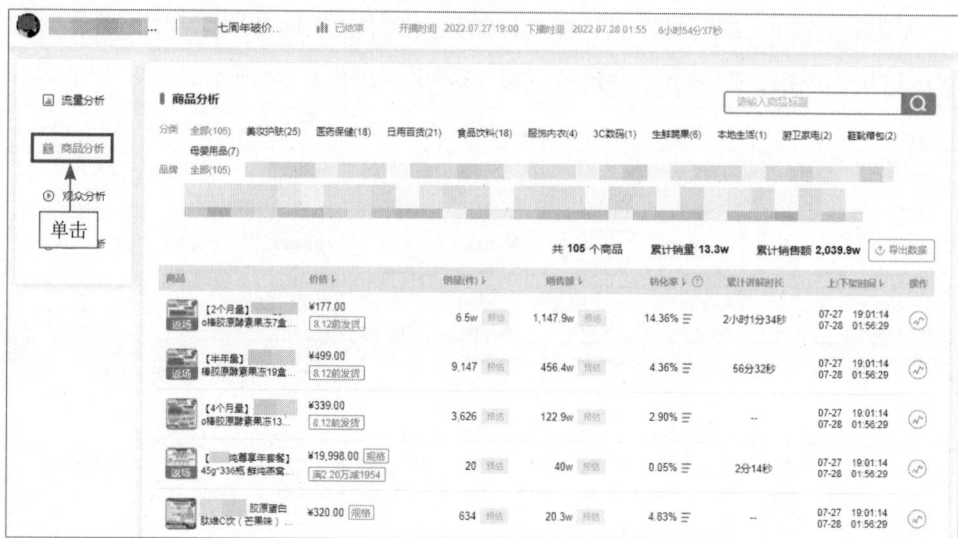

图 4-41　查看某场直播的商品销售情况

4.5　规避选品的常见误区

在为直播间做选品时，部分运营者，特别是选品经验不足的运营者，经常会陷入一些误区。下面笔者就来为大家介绍选品的常见误区。

（1）选品没有规划，全凭感觉。部分运营者在做选品时全凭自己的主观感受，只选自己喜欢的，至于选到了多少种商品、商品之间是否有联系，则完全没有考虑。

（2）选择低价商品，进行全场秒杀。虽然这样选择的商品对用户的吸引力比较大，但是作为销售人员的运营者却难以获得预期的收益。而且通过低价秒杀留住的粉丝也很少会愿意购买高价格的商品。因此，很多通过全场秒杀进行直播的运营者，最终都以亏本收场。

（3）为了增加收益，盲目选择高佣金比例的商品。对于运营者来说，同样价格的商品，佣金比例越高，自己获得的单笔订单收益就越多。因此，部分运营者为了追求高收益，便选择高佣金比例的商品进行带货。殊不知，带货收益与商品销量直接相关，那些高佣金比例的商品可能不是那么好卖出去的，而销量不好，运营者的带货收益也将难以得到保障。

第5章
视频带货提高
购买意愿

短视频是抖音平台的主要内容形式之一，许多用户都会在茶余饭后看一看抖音短视频。对此，运营者可以制作"种草"短视频，提高用户对商品的购买意愿，从而让商品获得更多的销量。

5.1 开通账号带货权限

账号带货权限，简单来说，就是可以在账号中发布内容售卖自家的商品，或者进行带货帮他人卖东西的权限。具体来说，抖音平台的带货权限主要体现在三个方面：一是视频购物车权限；二是达人推荐橱窗权限；三是直播间购物车权限。

视频购物车权限就是在抖音短视频中可以添加一个商品购物车链接，用户点击该链接，便可以在弹出的面板中查看商品的相关信息，如图 5-1 所示。如果用户有需要，则还可以点击"立即购买"按钮，购买该商品。

图 5-1　通过短视频购物车查看商品信息

达人推荐橱窗权限是指开通账号带货权限之后，在抖音账号中会出现一个专属的商品橱窗，运营者（带货达人）可以将商品添加至橱窗中，并对商品进行集中展示和推荐。而用户则可以在抖音带货达人的抖音账号主页中点击"进入橱窗"按钮，在推荐橱窗中查看抖音带货达人推荐的商品，如图 5-2 所示。

直播间购物车权限是指运营者可以将商品添加至直播间的购物车，并通过购物车功能将商品销售给用户。具体来说，运营者在进行直播时，如果直播间添加了商品，那么在直播界面的下方会出现购物车图标，用户只需点击该图标，便可查看直播间销售的商品，如图 5-3 所示。

由此不难看出，做兴趣电商是很有必要开通账号带货权限的，因为只有开通了该权限，才能在短视频和直播中为用户提供商品的购物链接，让有购买兴趣的用户快速完成购物。

　　当然，运营者要想获得账号带货权限，还得先开通账号带货权限。下面笔者就来介绍开通账号带货权限的具体操作步骤。

图 5-2　在推荐橱窗中查看抖音带货达人推荐的商品

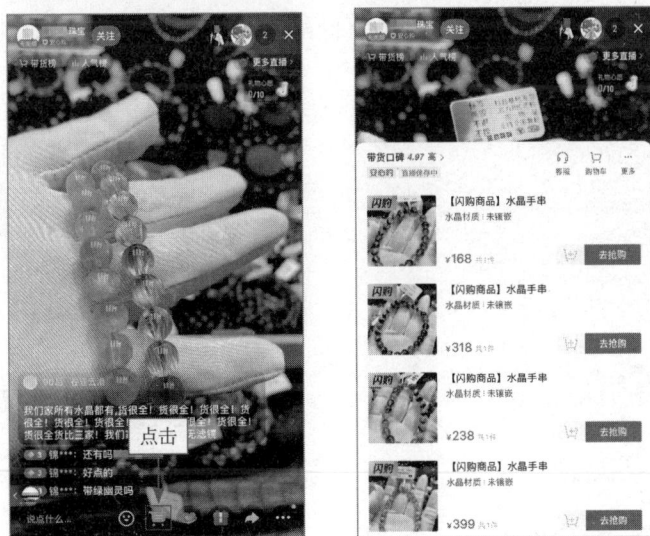

图 5-3　查看直播间销售的商品

　　▶▶ 步骤１　进入抖音 App 的"我"界面，点击界面上方的 ☰ 图标，如图 5-4 所示。

　　▶▶ 步骤２　执行操作后会弹出一个窗口，选择该窗口中的"创作者服务中

视
频
带
货
提
高
购
买
意
愿

心"选项，如图 5-5 所示。

▶▶ 步骤3 执行操作后，进入创作者服务中心界面，点击界面中的"商品橱窗"按钮，如图 5-6 所示。

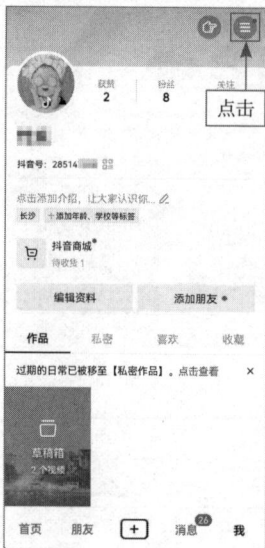

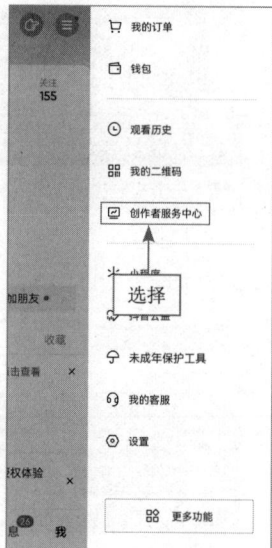

图 5-4 点击▤图标　　　图 5-5 选择"创作者服务中心"选项

▶▶ 步骤4 执行操作后，进入"商品橱窗"界面，选择界面中的"成为带货达人"选项，如图 5-7 所示。

图 5-6 点击"商品橱窗"按钮　　　图 5-7 选择"成为带货达人"选项

▶▶ 步骤5 执行操作后，进入"成为带货达人"界面，点击界面中的"带货权限申请"按钮，如图 5-8 所示。

▶▶ 步骤6 执行操作后，进入"带货权限申请"界面，在该界面中会显示申请带货权限的要求，如图 5-9 所示。如果运营者的账号满足了所有的申请要求，则可以点击界面下方的"立即申请"按钮，申请开通账号带货权限。

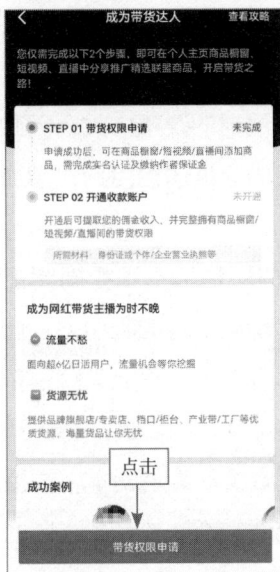

图 5-8 点击"带货权限申请"按钮   图 5-9   "带货权限申请"界面

> 专家提醒：在不同时期，抖音平台对开通账号带货权限申请的要求也不尽相同。例如，在抖音 App 上线初期开通账号带货权限，对粉丝数和作者保证金是没有要求的。这也告诉我们，做抖音带货应该尽早入场，因为之后的进场门槛可能会越来越高。

5.2 熟悉爆款视频内容

很多人在制作抖音带货短视频时，不知道应该拍什么内容，也不知道哪些内容容易上热门。下面笔者就给大家分享一些常见的爆款视频内容，帮助大家获得更多的流量，从而达到引爆商品的目的。

1. 主打颜值

在抖音平台上，部分用户在观看短视频时，会被出镜人物的"颜值"吸引。比起其他的内容形式，好看的外表确实很容易获得用户的好感。

但是，笔者说的"吸引"并不单单指出镜人物的"颜值"高或身材好，而是通过一定的装扮和肢体动作，在视频中表现出"充分入戏"的镜头感。所以，"吸引"是"颜值＋身材＋表现力＋亲和力"的综合体现。对此，运营者在制作带货短视频时，可以增强出镜人物的镜头感，让看到短视频的用户被其中的人物或内容"吸引"。

2. 幽默搞笑

打开抖音 App，随便刷几条短视频，就会看到其中有搞笑类的视频内容。这是因为抖音毕竟是人们在闲暇时间用来放松或消遣的娱乐方式，因此平台也非常喜欢这种搞笑类的视频内容，也更愿意将这些内容推送给用户，增加用户对平台的好感，同时让平台变得更为活跃。

虽然推送的内容是随机的，但是大部分用户还是乐于观看搞笑视频的。对此，运营者可以在带货短视频中添加搞笑元素，增加内容的吸引力，让用户看到短视频后便乐开了花，忍不住要给你点赞。运营者在拍摄搞笑类短视频时，可以从以下几个方面入手来创作内容。

（1）剧情搞笑。运营者可以通过自行招募演员、策划剧本，拍摄具有搞笑风格的视频作品。这类视频中的人物形体和动作通常都比较夸张，同时语言幽默搞笑，感染力非常强。

（2）创意剪辑。通过截取一些搞笑的短片镜头画面，嵌入带货视频的转场处，并配上字幕和背景音乐，制作成创意搞笑的视频内容。

（3）语言犀利。对于语言表达能力比较强的运营者来说，可以直接用真人出镜的形式来上演脱口秀节目，聊一些接地气的热门话题或者各种趣事，加上较为夸张的造型、神态和表演，给用户留下深刻的印象，从而提升带货的效果。

3. 萌宝萌宠

与"颜值"类似的"萌值"，如萌宝、萌宠等类型的内容，同样具有让人难以抗拒的强大吸引力，能够让用户瞬间觉得心灵被治愈了。短视频中那些憨态可掬的萌宝、萌宠具备强治愈力，不仅可以快速火起来，而且还可以获得用户的持续关注。

"萌"往往和"可爱"这个词相对应，所以许多用户在看到"萌"的事物时，都会忍不住想要多看几眼。对此，运营者可以借助萌宝和萌宠来打造带货短视频，提高短视频对用户的吸引力。

（1）萌宝。萌宝是深受用户喜爱的一个群体。萌宝本身看着就非常可爱，而且他们的一些行为举动也容易让人觉得非常有趣。所以，与萌宝相关的短视频就能很容易地吸引许多用户的目光。运营者可以先通过拍摄萌宝的日常积累粉丝，再通过推广与萌宝相关的商品来进行带货。

（2）萌宠。萌不是人类的专有名词，小猫、小狗等可爱的宠物也是很萌的。许多人之所以养宠物，就是因为他们觉得萌宠特别惹人怜爱。如果能把宠物在日常生活中惹人怜爱、憨态可掬的一面通过视频展现出来，也能轻松吸引用户的目光。也正是因为如此，在抖音平台上经常能看到萌宠出镜的"种草"短视频，如图 5-10 所示。

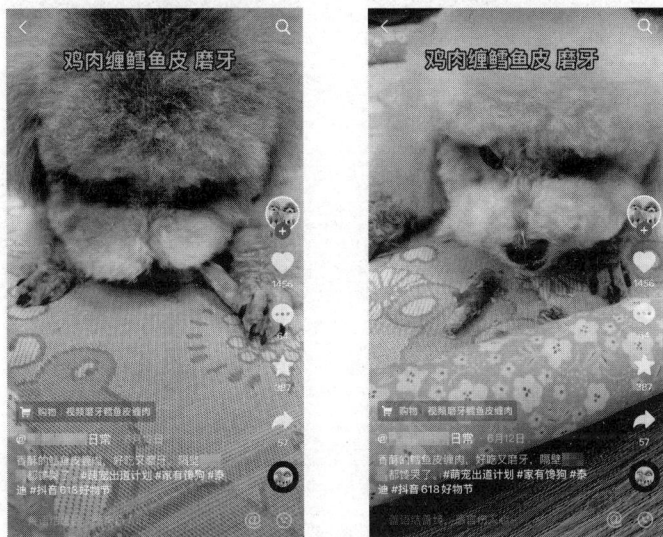

图 5-10　萌宠出镜的"种草"短视频

对于运营者来说，这种利用宠物"萌值"进行带货的做法非常值得借鉴。但是，要成为一个出色的萌宠类账号，提升账号的带货能力，还得掌握一些内容策划的技巧，具体如下。

（1）让萌宠人性化。例如，可以从萌宠的日常生活中找到它的"性格特征"，并通过剧情的设计，对萌宠的"性格特征"进行展示和强化。

（2）让萌宠拥有特长。例如，可以通过不同的配乐，展示宠物的舞姿，把宠物打造成"舞王"。

（3）配合宠物演戏。例如，可以拍一只萌宠的日常，然后通过后期配音，让萌宠和主人"说话"。

4. 融入创意

在抖音平台上，有创意和脚踏实地的短视频内容通常更容易获得更多用户的喜爱。运营者也可以结合自身优势，打造出具有创意的短视频内容，让更多用户为你点赞，增加短视频的流量。

例如，一名擅长做木雕的运营者，通过短视频为用户展示了木雕蘑菇的制作过程，如图 5-11 所示。在看到该短视频之后，很多用户惊叹于该运营者的高超技艺和独特创意，纷纷为其点赞。部分用户甚至对短视频中的木雕蘑菇产生了浓厚的兴趣，并点击短视频中的购物车链接进行了购买。

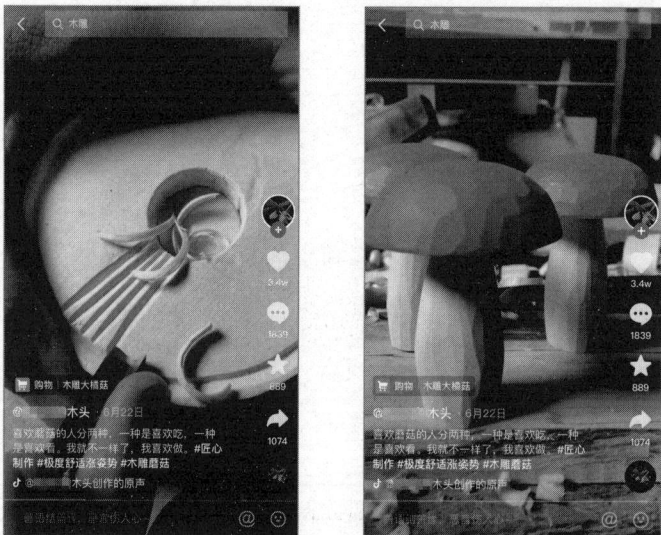

图 5-11　通过短视频展示木雕蘑菇的制作过程

5. 出其不意

在拍摄抖音带货短视频时，出其不意的结局反转往往能让人眼前一亮。在制作短视频时要打破常规惯性思维，使用户在看开头时猜不透结局的动向；当看到结局时，便会豁然开朗，忍不住为其点赞。

5.3　做好视频内容策划

短视频的内容策划是有技巧的，如果运营者掌握了内容策划的技巧，那么根据策划的脚本制作的短视频就能够获得较为可观的播放量，其中优质短视频的播放量甚至可以达到 10 万次以上。而随着播放量的增加，短视频中推荐的商品的销量自然就更有保障了。具体来说，短视频内容要如何进行策划呢？下面笔者就来进行解答。

1. 围绕商品策划脚本

制作"种草"短视频的最终目的还是进行带货，提升商品的销量。基于这一点，运营者可以围绕商品来策划脚本。例如，运营者可以先亲自使用商品，总结出商品的卖点；然后结合卖点来策划脚本内容，确定脚本的具体信息，包括商品的展现场景、卖点展示方式和出镜人物等。

2. 围绕热点策划脚本

通常来说，热度越高的内容，越容易受到用户的关注。对此，运营者可以了解平台的热点，然后选择与热点相关的商品策划脚本并制作"种草"短视频，从而借助平台的热点提升带货的效果。

具体来说，在抖音盒子 App 的"推荐"界面中会显示热点信息，运营者可以点击热点链接，进入热点详情界面，查看与热点相关的"种草"短视频（滑动界面可以查看该热点的其他"种草"短视频），如图 5-12 所示。

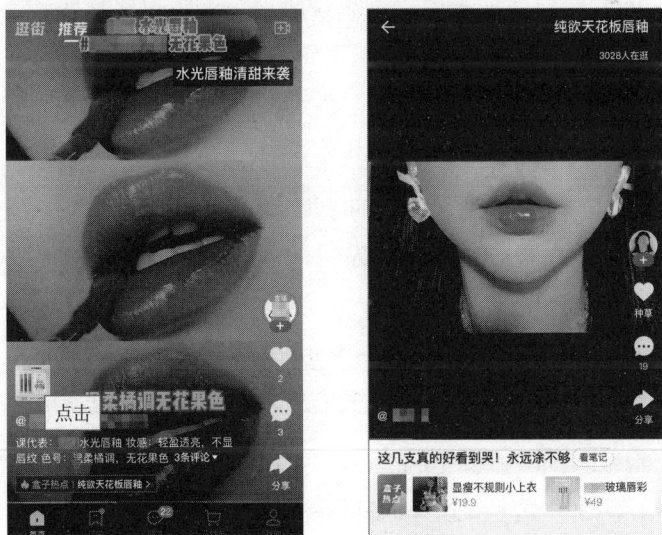

图 5-12　点击热点链接查看相关的"种草"短视频

这样，运营者便可以点击查看热点详情界面的内容，参照他人的经验策划商品"种草"短视频。有需要的运营者还可以直接在短视频标题中添加热点话题，并将短视频发布到抖音平台中，让更多用户看到你的带货内容。

3. 根据话题策划脚本

运营者可以将话题作为立足点，选择用户感兴趣的话题，并据此策划具体的"种草"短视频。当然，在选择话题时，也需要掌握一定的技巧。

例如，夏季太阳很大，出门在外很容易被晒黑，此时防晒通常会成为女性讨论的热门话题。对此，运营者可以立足防晒这个话题来策划脚本，选择亲测有效的几款商品制作"种草"短视频，将其推荐给有需要的用户。

4. 将脚本内容细节化

在具体策划短视频脚本时，运营者要将相关的内容尽量细节化，把重要的内容详细地展示出来。具体来说，在策划短视频脚本时，运营者需要做好以下工作。

（1）前期准备。在编写脚本之前，运营者还需要做好一些前期的准备，确定视频的整体内容思路。具体来说，编写脚本需要做好的前期准备如下。

a. 拍摄的内容。每条短视频都应该有明确的主题，以及为主题服务的内容。而要明确短视频的内容，就需要在编写脚本时先将拍摄的内容确定下来，列入脚本中。

b. 拍摄的时间。有时候拍摄一条短视频涉及的人员可能比较多，这就需要通过拍摄时间的确定来确保短视频拍摄工作的正常进行。另外，有的短视频内容可能对拍摄的时间有一定的要求，这类短视频的制作也需要在脚本编写时就将拍摄的时间确定下来。

c. 拍摄的地点。许多短视频对于拍摄地点都有一定的要求，是在室内拍摄，还是在室外拍摄？是在繁华的街道拍摄，还是在静谧的山林拍摄？这些都应该在编写脚本时确定下来。

d. 使用的背景音乐。背景音乐是短视频内容的重要组成部分，如果背景音乐用得好，甚至可以成为短视频内容的点睛之笔。因此，在编写脚本时就要将背景音乐确定下来。

（2）整体架构。短视频脚本的编写是一个系统工程，一个脚本从空白到完成整体构建，需要经过三个步骤，具体如下。

步骤1：确定主题。确定主题是短视频脚本创作的第一步，也是关键性的一步。因为只有主题确定了，运营者才能围绕主题策划脚本内容，并在此基础上将符合主题的重点内容有针对性地展示给核心目标人群。

步骤 2：构建框架。当主题确定之后，接下来需要做的就是构建一个相对完整的脚本框架。例如，可以从什么人、在什么时间、什么地点、做了什么事、造成了什么影响的角度，勾勒出短视频内容的大体框架。

步骤 3：完善细节内容。当框架构建完成后，运营者还需要在脚本中对一些重点的内容细节进行完善，让整个脚本内容更加具体化。例如，从什么人的角度来说，运营者在编写脚本的过程中，可以对短视频中将要出镜人物的穿着、性格特征和特色化语言进行策划，让出镜人物的表现更加形象和立体化。

（3）剧情策划。剧情策划是脚本编写过程中需要重点把握的内容。在策划剧情的过程中，运营者需要从两个方面做好设定，即人物设定和场景设定。

a. 人物设定。人物设定的关键在于通过人物的台词、情绪的变化、性格的塑造等来构建一个立体化的形象，让用户看完短视频之后，对短视频中的相关人物留下深刻的印象。除此之外，成功的人物设定还能让用户通过人物的表现，对人物面临的相关情况更加感同身受。

b. 场景设定。场景设定不仅能够对短视频内容起到渲染作用，还能让短视频的画面更加具有美感、更能吸引用户的关注。具体来说，运营者在编写脚本时，可以根据短视频主题的需求，对场景进行具体设定。例如，要制作宣传厨具的短视频，便可以在编写脚本时，把场景设定在一间厨房中。

（4）人物对话。在短视频中，人物对话主要包括短视频的旁白和人物的台词。短视频中人物的对话不仅能够对剧情起到推动作用，还能显示出人物的性格特征。例如，要打造一个勤俭持家的人物形象，便可以在短视频中设计该人物在买菜时与菜店店主讨价还价的对话。

因此，运营者在编写脚本时需要对人物对话多一分重视，一定要结合人物的形象来设计对话。有时候，为了让用户对短视频中的人物留下深刻的印象，运营者甚至需要为人物设计特色的口头禅。

（5）脚本分镜。脚本分镜就是在编写脚本时将短视频内容分割为一个个具体的镜头，并针对具体的镜头策划内容。通常来说，脚本分镜主要包括分镜头的拍法（包括景别和运镜方式）、镜头的时长、镜头的画面内容、旁白和背景音乐等内容。

脚本分镜实际上就是将短视频制作这个大项目分为一个个具体可行的小项

目（一个个分镜头）。因此，在策划分镜头内容时，不仅要将镜头内容具体化，还要考虑到分镜头拍摄的可操作性。

5.4 掌握视频创作技法

在传统电商时代，用户通常只能通过图文信息来了解商品详情；而如今，视频已经成为商品的主要展示形式。因此，对于运营者来说，在抖音平台上带货之前，首先要拍一些好看的商品视频，画面要漂亮，更要真实，必须能够勾起用户的购买兴趣。下面笔者就来介绍不同类型的商品视频拍摄技巧，以及抖音平台上的热门品类内容的创作技法，帮助大家轻松制作出爆款带货短视频。

1. 外观型商品视频的创作技法

在拍摄外观型商品视频时，要重点展现商品的外在造型、图案、颜色、结构、大小等外观特点，建议拍摄思路为"整体→局部→特写→整体"。

例如下面这个音响的"种草"短视频，先俯拍音响的整体外观，然后拍摄音响中黑胶唱片的局部细节和特写镜头，接着拍摄音响开启之后的整体外观效果，如图5-13所示。

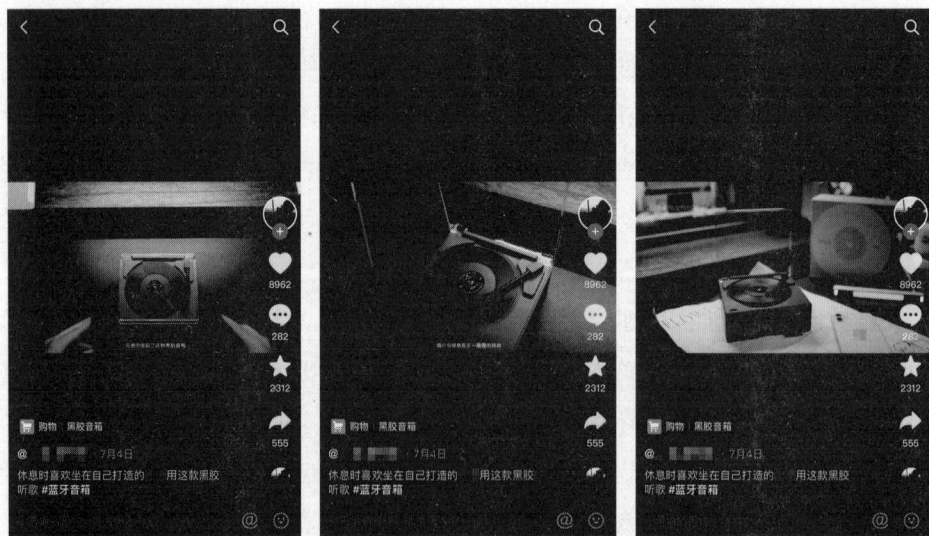

图5-13 音响的"种草"短视频

如果在拍摄外观型商品视频时有人物出镜，则可以增加一些商品的使用场景镜头，展示商品的使用效果。需要注意的是，商品的使用场景一定要真实。很多用户都是"身经百战"的网购达人，什么是真的，什么是假的，他们一眼就能分辨出来，而且这些人往往都是长期的消费群体，运营者一定要把握住这群人。

2. 功能型商品视频的创作技法

功能型商品通常具有一种或多种功能，能够解决人们生活中遇到的难题。因此，在拍摄功能型商品视频时应将重点放在功能和特点的展示上，建议拍摄思路为"整体外观→局部细节→核心功能→使用场景"。

例如下面这个刷子的"种草"短视频，先拍摄刷子的整体外观，然后拍摄刷子的局部细节和材质，接着通过多个分镜头来演示刷子的各种使用场景，如图 5-14 所示。

图 5-14　刷子的"种草"短视频

如果在拍摄功能型商品视频时有人物出镜，则同样可以添加一些商品的使用场景。另外，对于有条件的运营者来说，也可以通过自建美工团队或外包形式来制作 3D 动画类型的功能型商品视频，更加直观地展示商品的功能。

3. 综合型商品视频的创作技法

综合型商品是指集外观和功能特色于一身的商品，在拍摄这类商品视频时需要兼顾两者的特点，既要拍摄商品的外观细节，也要拍摄其功能特点，还需要贴合商品的使用场景来充分展示其使用效果。如果是生活中经常用到的商品，则最好选择生活场景作为拍摄环境，这样更容易引起用户的共鸣。

手机就是一种典型的综合型商品，不仅外观非常重要，丰富的功能也是吸引用户的一大卖点。因此，在制作手机的"种草"短视频时，是比较适合使用综合型商品视频的创作技法的。例如，在某手机的购买短视频中，就是通过真人口播介绍和展示实物商品的方式来吸引用户眼球的，接着通过穿插官方图片的方式，全方位地展现手机的外观特色、局部细节和功能特点。

4. 穿搭型商品视频的创作技法

穿搭可以说是抖音盒子平台上的第一品类，而且还是人们的生活必需品，在衣食住行里排行第一。服装除了其保暖功能，现在已经上升到另一个更高的境界：服饰可以代表一个人的形象。

越来越多的人开始重视服装是否合适、得体、美观、时尚。但是，挑选衣服并不是一件简单的事情，不仅需要花费时间，还要考虑各种特殊情况。这一用户痛点为抖音盒子的运营者带来了很多销售机会。那么，穿搭类的短视频该如何创作呢？笔者总结了三大要点，分别为强烈的个人风格、实用的价值和追寻时下热点。

（1）强烈的个人风格。运营者可以通过突出强烈的个人风格，让用户第一时间记住你。在抖音平台上可以看到街头、复古、国风等明确的服装风格，能让用户更快地找到自己喜欢的商品，如图 5-15 所示。当然，运营者也可以发挥自己的个人特色和人格魅力，甚至还可以通过自己对时尚的理解，打造独有的个人风格。

图 5-15 风格明确的服装

运营者可以根据自己的风格来创建品牌的风格。创建个人品牌并没有想象中那么遥不可及，市面上到处都可以看见新的品牌诞生。一个品牌最重要的就是寻找到自己最擅长的风格，并与其他品牌区分开来。

（2）实用的价值。运营者可以多制作一些实用性的视频内容，往往更容易获得用户的点赞和互动。例如穿搭展示的视频内容，建议运营者在视频中增加口播或文字，将搭配的要点和适用的场景告诉用户，或者把品牌或店铺罗列出来，便于用户下单。

对于潮品推荐类的视频内容，则建议运营者对单品进行详细介绍，或者对同类单品进行对比测评，给出选购建议，带货效果通常会更好。

（3）追寻时下热点。潮流和趋势是并行的，流行趋势可以是季节、节日等变化，如新年穿搭，或者提前预告春夏流行色搭配，或者市面上的新品、联名款、限定款等。运营者要时刻保持敏锐的时尚嗅觉，这样就可以让你先人一步制作出爆款内容。

5. 美妆型商品视频的创作技法

字节跳动旗下的巨量星图提供的数据显示，无论是接单总金额还是接单数量，美妆达人号都是遥遥领先其他领域的，因此，美妆在短视频领域的趋势不容忽视。下面介绍一些美妆型商品视频的创作技法。

（1）真实、有趣的人设。在抖音盒子平台上，用户可以看到各类妆容教程、护肤心得、好物分享等内容，平台上的美妆短视频达人阵容正在快速增长。在整个抖音电商体系中，美妆都是一个相对成熟的品类，运营者想要脱颖而出，必须要有人设。

建议运营者将真实的自己呈现给用户，用你觉得舒服的方式和节奏与用户交流。很多时候，在短视频中呈现出一个真实、有趣的人设，对于用户来说会更有记忆点。

（2）真诚地分享知识。各种美妆知识很容易吸引用户的关注，其视频内容大致可以分为以下几类。

a. 好物分享。运营者尽量一次介绍多款商品，同时亲身试用，这种内容对和运营者有相同肤质的用户会更有参考价值，如图5-16所示。

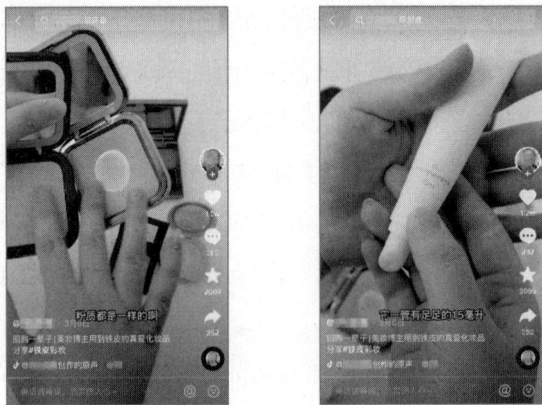

图 5-16　美妆好物分享短视频

　　b. 妆容教程。运营者可以将妆容教程视频中用到的单品——罗列出来。如果是仿妆或变妆等内容，则最好保留化妆的整个过程。

　　c. 护肤攻略。运营者既可以从专业的角度来分析，也可以从个人角度谈谈自己的护肤心得，为用户带来有用的护肤建议。

　　（3）紧跟时尚潮流趋势。流行妆容、美妆好物是时刻变化的，运营者必须善于发掘热门妆容，紧跟护肤趋势。要做到这一点，建议运营者时刻关注各种新品上市信息，并通过短视频来"种草"自己觉得值得推荐的美妆新品，如图 5-17 所示，以便抢占市场先机。

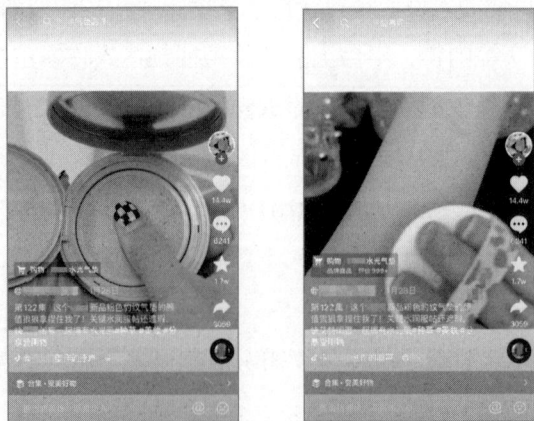

图 5-17　美妆新品"种草"短视频

5.5　掌握视频带货技巧

　　抖音短视频平台原本就是一个用户分享短视频的平台，而大多数用户之所以登录抖音短视频平台，就是希望能从中看到有趣的短视频。正是因为如此，短视频成了抖音带货的重要载体。运营者如果能够利用好短视频，就能让商品获得不错的销量。

那么，如何利用抖音短视频进行带货呢？下面笔者将重点介绍五种抖音短视频的带货技巧。

1. 善用异性相吸原则

男性和女性看待同一个问题的角度有时候可能会有一些差异，可能某一事物对男性来说并没有多大的吸引力，但是却能让女性尖叫。而善用异性相吸的原则，则可以在增强内容针对性的同时，提高内容对目标用户的吸引力。

采用这种方式带货的短视频，通常能获得不错的流量。但是，如果短视频中商品自身的吸引力不够，那么销量可能还是比较难以得到保障的。

图 5-18 所示为某带货短视频的相关画面，可以看到该视频就是采用异性相吸原则，将商品打造成送给男生的高级、实用礼物来促进销售的。

图 5-18　利用异性相吸原则带货

2. 刺激目标用户需求

一款商品要想获得较为可观的销量，还必须刺激消费者的需求，让消费者在看到商品的价值之后，愿意花钱进行购买。

一些整体差不多的商品，在不同店铺中的销量却出现了比较大的差异。这是为什么呢？当然，这可能与店铺的粉丝量有一定的关系。那么，有的店铺粉丝量差距不大，同样的商品销量差异却比较大，又是什么原因呢？

其实，除了店铺自身的粉丝量外，一款商品的销量还会在很大程度上受到店铺宣传推广的影响。如果运营者能够在抖音短视频中刺激目标用户的需求，商品的销量自然会更有保障。

那么，怎么刺激目标用户的需求呢？笔者认为关键在于通过短视频的展示，让用户看到商品的用处，让用户觉得这款商品确实是值得购买的。例如，在某带货短视频中就是通过购买商品（亲子手工）之后，孩子会远离手机，满足家长的需求。

3. 点出核心用户群体

虽然目标用户基数越大，接收信息的人数可能就会越多，但这并不代表获得的营销效果就一定会越好。

为什么这么说呢？这其实很好理解，因为购买商品的只是那些对商品有需求的用户群体，如果运营者没有针对有需求的用户群体进行营销，反而花了大量时间进行广泛宣传，那么很可能会因为对核心用户群体把握不准而难以达到预期的带货效果。

在笔者看来，与其对商品进行广泛宣传，一味地扩大商品的用户群体，倒不如对商品进行分析，找出核心用户群体，然后针对核心用户群体进行带货。这样做不仅能增强营销的针对性，也能让核心用户群体一眼就看到商品对自己的用处。

图5-19所示为部分购买短视频的相关画面，可以看到这些短视频就是通过点出核心用户群体的方式，针对性地为"微胖女生"推荐商品，从而拉动商品的销售的。

图 5-19 点出核心用户群体的"种草"短视频

4. 提前做好预售购买

在商品还未正式上线时，许多商家都会通过预售购买，提高目标消费群体的关注度。抖音短视频主要由画面和声音两部分组成，运营者可以针对这两部分分别进行预售购买。画面部分，运营者可以让预售的相关文字出现在画面中，如图 5-20 所示；声音部分，运营者可以通过口播的方式向用户传达商品预售信息，增强商品对用户的吸引力，实现预售购买。

图 5-20　通过文字进行预售购买

消费者都是理性的，许多消费者为了买到更便宜的商品都会货比三家。所以，当运营者在抖音中发布预售信息时，用户如果想购买商品，很可能就会对商品的价值进行评估。此时，运营者如果在预售中给出一定的折扣，用户就会觉得商品价格已经便宜了不少，商品更值得购买。

图 5-21 所示为抖音平台中预售商品的短视频案例，可以看到该短视频便是以优惠的价格进行商品（门票）预售的。而当用户看到这条短视频时，自然会认为此时下手购买是比较划算的。

图 5-21　以优惠的价格进行预售"种草"

5. 将硬广告变成好物推荐

越来越多的人开始对广告，特别是硬广告产生抵触情绪。一部分人在看到硬广告之后，不仅不会有丝毫购买商品的意愿，甚至还会因为对硬广告的厌恶，直接拉黑退出硬广告的品牌，决心不再购买该品牌的商品。

其实，硬广告无非就是为了营销，同样是营销，如果换一种方式，则可能会取得更好的效果。例如，运营者可以从好物推荐的角度进行营销，让用户看到商品的用处，进而产生购买欲望，如图 5-22 所示。

图 5-22　将硬广告变成好物推荐

第 **6** 章
直播卖货促进
高效转化

直播具有实时性、强互动性，所以直播卖货往往
能够有效地刺激用户的需求、促进商品的转化。当然，
抖音平台上的直播有很多，要想从中脱颖而出，让直
播带货获得高效转化，还得掌握相关的方法和技巧。

6.1　提高主播的素养

谁都不是天生就能成为优秀的主播的，从素人到达人主播需要一个过程。在这个过程中，需要对主播进行培养，提升主播的直播能力。具体来说，主播要想获得成功，必须培养三个方面的素养，即专业能力、语言能力和心理素质。下面笔者就来分别讲解这三个方面素养的培养方法。

1. 专业能力

要想成为一名具有超高人气的主播，就要具备专业能力。在竞争日益激烈的直播行业中，主播只有培养好自身的专业能力，才能在抖音直播这片肥沃的土壤上扎根。下面笔者就来分别讲解主播的几项专业能力。

（1）个人才艺。主播应该具备各种各样的才艺，让用户目不暇接。才艺的范围十分广泛，包括唱歌、跳舞、乐器表演和书法绘画等。只要你的才艺让用户觉得耳目一新，能够引起他们的兴趣，那么你的才艺就是成功的。

在抖音直播平台上有不计其数的主播，其中大多数主播都拥有自己独有的才艺，谁的才艺好，谁的人气自然就高。图 6-1 所示为主播表演钢琴弹奏才艺。

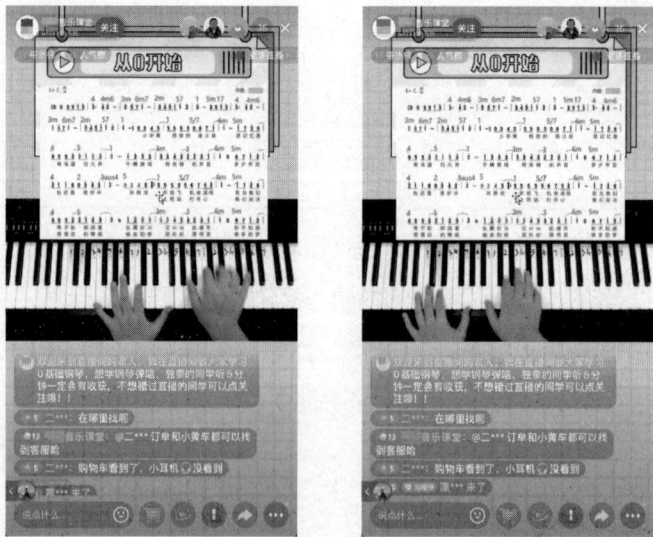

图 6-1　主播表演钢琴弹奏才艺

无论是什么才艺，只要是积极且充满正能量的，并且还能展示自己的个性的，就能为主播的成长助一臂之力。

（2）言之有物。一名主播想要得到粉丝的认可，就一定要有清晰且明确的观点，这样说出来的话才会让人信服。如果主播的观点既没有内涵，又没有深度，将难以获得用户的长久支持。

那么，应该如何做到言之有物呢？首先，主播应树立正确的价值观，始终保持自己的本心，不空谈；其次，主播要掌握相应的语言技巧，主播在直播时必须具备的语言要素包括亲切的问候语、通俗易懂和流行时尚等；最后，主播要有自己专属的观点。只有将这三者相结合，主播才能达到言之有物的境界，从而有效地提升自身的专业能力。

（3）精专一行。俗话说，"三百六十行，行行出状元"。主播要想成为直播界的"状元"，就要拥有一门擅长的技能，一名主播的主打特色就是由他的特长支撑起来的。

比如，有的主播乐器弹奏水平很高，于是他专门展示自己的弹奏技能；有的主播画画得好，于是他直接在直播中展示作画的过程，如图6-2所示；有的主播天生有一副好嗓子，于是他在直播中一展歌喉。

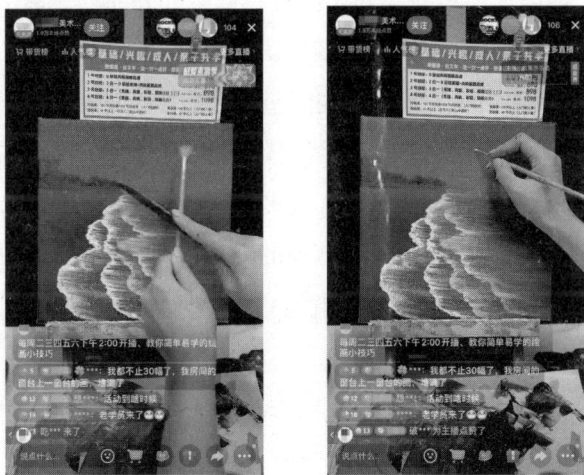

图6-2　主播在直播中展示作画的过程

主播只要精通一门专业技能，行为谈吐接地气，其关注度就会高。当然，主播还要在直播之前做足功课，这样才能将直播有条不紊地进行下去，让直播获得良好的反响。

2. 语言能力

一名优秀的主播没有良好的语言能力，就如同一名优秀的击剑运动员没有剑，这是万万行不通的。想要拥有过人的语言能力，让用户舍不得错过直播的一分一秒，就必须从多个方面来培养。下面笔者就来讲解用语言赢得用户的方法。

（1）亲切沟通。在直播的过程中，与用户的互动是不可或缺的。当然，即便是聊天也不可口无遮拦，主播要学会三思而后言。切记不要太过鲁莽、心直口快，以免对用户造成伤害或者引起用户的不悦。

此外，主播还应避免说一些不利于用户形象的话语，在直播中要学会与用户保持一定的距离，玩笑不能开大了，但又要让用户觉得你平易近人、接地气。那么，主播应该从哪些方面进行思考呢？具体来说，主播需要考虑什么该说与不该说、事先要做好哪些准备、如何与用户亲切沟通。

（2）选择时机。良好的语言能力需要主播挑对说话的时机，每一名主播在表达自己的见解之前，都必须把握好用户的心理状态。

比如，对方是否愿意接受这个信息？又或者对方是否准备听你讲这件事情？如果主播丝毫不顾及用户心里怎么想，不会把握说话的时机，那么只会事倍功半，甚至是做无用功。但只要选择好了时机，让用户接受你的意见还是很容易的。

打个比方，如果一名主播在向用户推荐自己的商品时，承诺给用户一定的折扣，那么用户在这个时候应该会对商品更感兴趣。总之，把握好时机是培养主播语言能力的重要因素之一，只有选对时机，才能让用户接受你的意见。

（3）懂得倾听。懂得倾听是一个美好的品质，同时也是主播必须具备的素质。和用户聊天谈心，除了会说外，还要懂得用心聆听。比如，一名主播的粉丝说他近期的直播有些无聊，没什么有趣的内容，都不知道在说些什么。于是，该主播认真倾听了粉丝的意见，精心策划了搞笑视频直播，赢得了几十万的点击量，获得了粉丝的好评。

虽然直播从表面上看是主播占主导的，但实际上用户却占据了主导地位。用户愿意看直播的原因就在于能与自己感兴趣的人进行互动。主播要了解用户关心什么、想要讨论什么话题，就一定要认真倾听用户的心声和反馈。

（4）谦和友好。主播和用户交流沟通，要谦和一些、友好一些。聊天不是辩论比赛，没必要分出个你高我低，更没有必要因为某句话或某个字眼而争论不休。

如果一名主播想借纠正用户的错误，或者发现用户话语中的漏洞来证明自己多么的学识渊博、能言善辩，那么这名主播无疑是失败的。因为他忽略了重要的一点，那就是直播间是主播与用户聊天谈心的地方，而不是辩论赛场，更不是相互攻讦之处。主播在与用户沟通时的诀窍主要包括理性思考问题、灵活面对窘境和巧妙指出错误。

语言能力的优秀与否与主播的个人素质也是分不开的。因此，在直播中，主播不仅要着力于提升自身的语言能力，也要全方面认识自身存在的缺点与不足，从而更好地为用户提供服务，成长为高人气的专业主播。

（5）理性对待。在直播中主播可能会遇到个别负能量比较多、又喜欢怨天尤人的用户，甚至有的用户还会强词夺理说自己的权利遭到了侵犯。面对这种情况，有些脾气暴躁的主播说不定就会按捺不住心中的不满与怒火，将矛头指向用户，并给予其不恰当的人身攻击，这种行为是相当愚蠢的。

作为一名心思细腻、七窍玲珑的主播，应该懂得理性对待用户的消极行为和言论。那么，主播要如何理性对待用户的消极行为和言论呢？笔者认为，主播可以重点做好以下三点，即进行善意提醒、明确不对之处和对事不对人。

一名成功的主播一定有他的过人之处。对用户的宽容大度和正确引导是在培养主播语言能力的过程中要把握的重点。当然，正确的价值观也会为主播的语言内容增添不少的色彩。

3. 心理素质

直播和传统的节目录制不同，节目要达到让观众满意的效果，可以通过后期剪辑来表现笑点和重点，而直播则是实时进行展示的。因此，一名主播要具备良好的现场应变能力和丰富的专业知识。

一名能够吸引众多用户的主播，仅仅靠颜值、才艺和口才是远远不够的。直播是一场无法重来的真人秀，就跟生活一样，没有彩排。在直播的过程中，主播一定要具备良好的心理素质，才能很好地应对信号中断和突发事件等。

（1）信号中断。信号中断，通常在借助手机做户外直播时发生。信号不稳定是十分常见的事情，有的时候主播甚至还会面临长时间没有信号的情况。如果在直播过程中，主播只看到评论区的变化，而直播画面却一直显示"加载中"，就说明主播的信号不太稳定，或者主播的信号已经中断了。

面对这种情况，主播应该保持平稳的心态，先试试变换地点是否会连接到信号，如果不行，就耐心等待。因为也许有的忠实用户会一直等候直播开播，所以主播要做好向用户道歉的准备，同时利用一些新鲜的内容活跃气氛，再次吸引用户的关注。

（2）突发事件。各种各样的突发事件在直播现场是不可避免的。当发生意外情况时，主播一定要稳住心态，让自己冷静下来，打好圆场，给自己找台阶下。

比如，在某歌唱节目总决赛直播时，某位歌手突然宣布退赛。此消息一出，现场的所有人和守在电视机前的观众都大吃一惊。而该节目的主持人则不慌不忙地对此事做了十分冷静地处理，他请求观众给他5分钟时间，对这个突发事件进行了客观、公正的评价，这种冷静的处理让相关工作人员有了充足的时间来应对此事件。而在这个事件过后，该主持人的救场能力也获得了无数观众的敬佩和赞赏。

节目主持人和主播有很多相似之处，主播在一定程度上也是主持人。在直播过程中，主播也要学会把节目流程控制在自己手中，特别是在面对各种突发事件时，要冷静对待。对此，主播可以多多向这位主持人学习，通过直播实践来锻炼自己。

6.2　打造专属直播间

能够打造专属于自己的直播间的主播，往往更容易从直播行业中脱颖而出，让用户长时间停留在自己的直播间中。那么，在抖音直播中如何打造专属的直播间呢？笔者认为可以从四个方面进行考虑，具体如下。

1. 用好特色装饰

主播可以通过直播间的特色装饰来打造个人直播特色，塑造专属的直播间。直播间的特色装饰有很多，既包括主播后面的背景，也包括直播间画面中的各种设置。相对于主播后面的背景，直播间画面中的相关设置通常要容易操作一些。具体来说，主播可以通过如下操作在直播界面中添加贴纸。

▶▷ 步骤1　进入抖音直播界面，点击图标，如图6-3所示。

▶▷ 步骤2　执行操作后，会弹出"装饰美化"窗口，点击窗口中的"贴纸"按钮，如图6-4所示。

▶▷ 步骤3　执行操作后，会弹出贴纸窗口，主播可以选择使用文字贴纸和图片贴纸，以图片贴纸的使用为例，需要点击"图片贴纸"按钮，如图6-5所示。

▶▷ 步骤4　执行操作后，选择需要的贴纸样式，如图6-6所示。

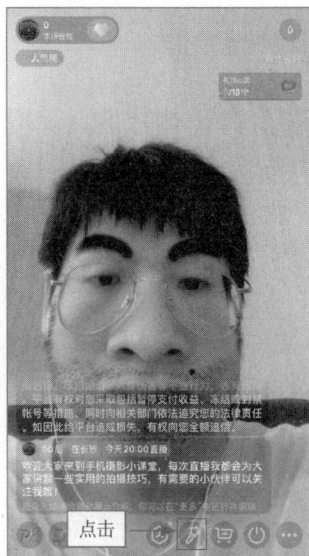

图 6-3　点击 🎨 图标

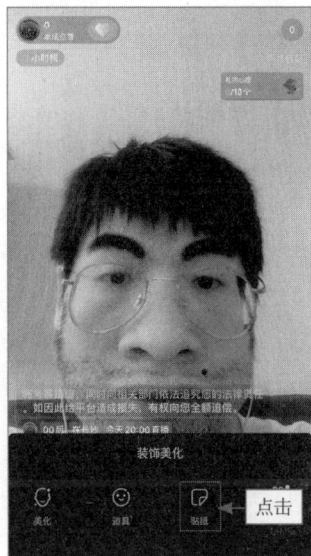

图 6-4　点击"贴纸"按钮

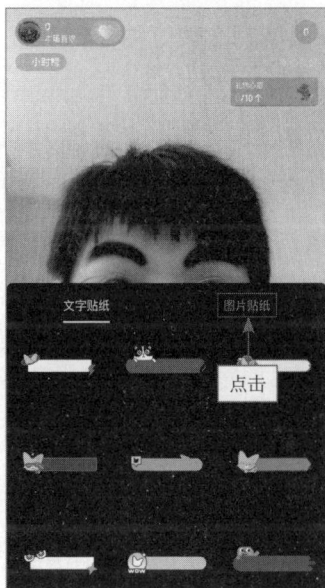

图 6-5　点击"图片贴纸"按钮

图 6-6　选择需要的贴纸样式

▶▶ 步骤5　执行操作后，在直播界面中会出现贴纸，如图 6-7 所示。

▶▶ 步骤6　将贴纸拖动至合适的位置，避免贴纸遮挡主播的脸，如图 6-8
所示。

第 6 章

直播卖货促进高效转化

93

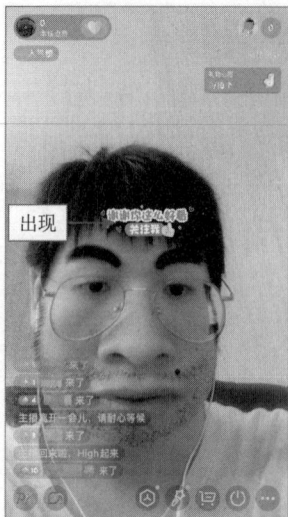

图 6-7　在直播界面中出现贴纸　图 6-8　将贴纸拖动至合适的位置

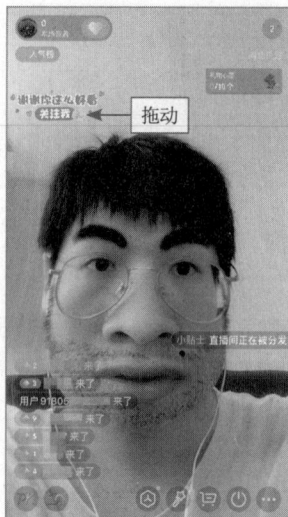

2. 留下个人口头禅

个人口头禅是人的一种标志，因为口头禅出现的次数比较多，再加上在他人听来通常具有一定的特色，所以，在听到某人的口头禅之后，我们很容易便能记住这个人，并且在听到其他人说他（她）的口头禅时，我们也会想到将这句话作为口头禅在我们心中留下深刻印象的人。在抖音直播中，一些具有代表性的头部账号的出镜者往往都有令人印象深刻的口头禅。

无论是抖音短视频，还是抖音直播，出镜者的口头禅都会给人留下深刻印象，甚至当用户关注某个主播一段时间之后，在听到该主播在直播中说口头禅时，都会觉得特别亲切。

3. 打造独特造型

我们在第一次看到一个人时，除了看他（她）的长相和身材外，还会重点关注他（她）的穿着，或者说造型。所以，当主播以独特造型面对用户时，用户便能快速记住该主播。

比如，有两名主播便是以《西游记》中孙悟空、猪八戒的造型来进行直播的。当用户看到这两个直播之后，很容易便会被主播的造型吸引，并对他们的造型留下深刻的印象。

当然，这里也不是要让大家故意做一些造型去哗众取宠，而是要在合理的范围内，以大多数用户可以接受的、具有一定特色的造型来做直播，争取用造型来给自己的直播加分。

4. 树立主播的人设

各短视频和直播平台上的头部主播之所以能被广大用户记住，是因为这些主播都有属于自己的人设。那么，我们如何打造人设，增加人设的魅力，更好地开启主播的成功之路呢？下面笔者就来重点讲解树立主播人设的方法。

（1）确定类型。大众对于陌生人的初次印象往往是不够突出、具体的，而且还存在一定的差异性。大部分人对陌生人的印象基本上处于一个模糊的状态。

其实，个人所表现出来的形象、气质，完全可以通过人设的经营来进行改变。比如，可以通过改变人物的发型，塑造出和原先不同的视觉效果，使用户产生新的人物形象记忆，从而有利于人设的改变。

在人际交往之中，通过利用主观和客观的信息来塑造人设，从而达到预期的传播效果，实现人设的经营。人设经营，可以说是在他人看法、态度和意见的总结之上进行不断调整和改进的，也是一种在社会上生存的手段。

学会打造出独特的人物设定，可以使主播拥有与众不同之处，在人群中脱颖而出。此外，对外输出效果的好坏会直接决定人设经营是否成功。而要打造出独特的人物设定，首先要做的就是选择合适的人设类型。

需要格外注意的是，主播在塑造自己的人设时，应该以自身的性格为核心，再向四周深化，这样不仅便于之后的人设经营，同时也能增加用户对于主播人设的信任度。在确定人设类型后，主播还要进一步考虑自己的人设是否独特别致。

对于想从事直播销售的新人主播来说，前面已经有一批成熟的销售主播，想要从中脱颖而出，是需要耗费一定的精力和时间的。

主播可以考虑在那些还没有人使用的人设类型里找到适合自己的人设标签，继而创造出自己独一无二的人设。虽然这种人设难以找到，但是对于新人主播来说，完全可以利用这个鲜明独特的人设树立自己的主播形象。

（2）对标红人。人格魅力的产生在很大程度上源于用户对主播外貌、穿衣打扮的固有形象的印象，以及主播在直播间里表现出来的性格。一个精准的主播人设可以拓宽直播的受众面，吸引到感兴趣的用户。

所谓精准的人设，就是在说到某一行业或内容时，用户就能想到具体的人物。而主播要做的就是在学习他人成功经验的基础上，树立自己的精准人设，让自己成为这类人设标签里的红人。

比如，一名男主播要想成为口红带货的头部主播，可以先参照"口红一哥"的成功经验进行直播，并在直播中树立自己的独特人设（如站在用户的角度思考问题，树立只为用户推荐高性价比口红的真诚主播形象），然后通过持续直播让自己慢慢成为口红直播行业中的红人。

（3）设定标签。一个人一旦有了一定的影响力，就会被所关注的人在身上贴上一些标签，这些标签就可以组合成一个虚拟的"人"。当提到某个标签时，许多人可能会想到一些东西，这并非只是想到一个单纯的名字，而是某人带给他的印象或标签，比如严谨、活泼、可爱、高冷等。

主播也可以试着把这些人设标签体现在主播名称和直播标题中。这样，一旦有人在直播搜索栏中搜索相关的标签，就有可能搜索到该主播。

树立人设的一个关键作用就是可以让主播和其他主播区分开来，所以，主播在选择自己的人设标签的时候，必须和其他主播的人设标签区分开来。为了避免出现同年龄、同类型的主播人数太多，无法有效突出自己的人设形象的问题，主播在选择人设形象时，要选择便于用户搜索和区分的人设。

主播人设类型的多样性，正是通过细分人设这种方式，减轻主播之间的竞争力度。对于主播来说，人设就代表着自身的形象魅力和特色。

主播只要把设定好的形象不断地向用户进行展示和强化，自然就可以给他们留下独特深刻的印象。所以，塑造人设的基本策略就是体现差异化，人设类型一定要让用户能够轻易地区分开来。

下面笔者将向大家介绍几种主播人设类型，帮助大家了解不同人设的特点、风格，从而更好地寻找有特色的人设标签。

a. 人美声甜的"邻家小妹"

这种人设的主播一般外形很可爱，声音好听，表现出来的感觉是比较活泼可爱。如果从事男装直播销售，那么这种人设更能够吸引用户的关注。

这类主播在塑造自己的人设时，大致有两种表现方法。一种是在直播时，主播会通过发型、饰品上的修饰来巩固自己的人设类型。比如，主播利用草帽、发带这种饰品就可以体现出自身的人设风格。

另一种主播展现自身人设形象的方式就简单一些，由于她们本身的形象就非常贴近邻家的风格，所以在直播的时候，只需简单扎个马尾或丸子头就可以体现出自身的人设形象。

b. 专业暖心的"大姐姐"

这种人设的主播通常都具有一定的专业性，能够给观看直播的用户一些有用的建议。同时，她们往往会从为用户考虑的角度进行商品的推荐，让用户觉得主播就是一个暖心的"大姐姐"。

观看直播的用户中有 80% 以上是女性，因此，主播要学会抓住女性的兴趣和目光，获得她们的信任。这种拥有大量时间去观看直播的女性用户不仅拥有强烈的购买需求，而且具备一定的购买能力。观看直播的女性用户一般可以分为两大群体，如图 6-9 所示。

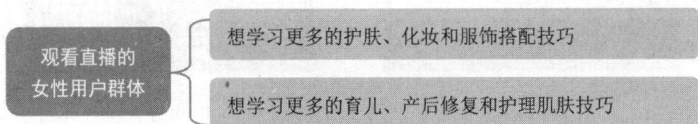

图 6-9　观看直播的女性用户群体

这两类人群都对于技巧类的内容非常渴望，她们希望有一个专业的人来带领她们。而专业暖心的"大姐姐"人设就可以解决她们的疑惑，满足她们的心理需求，让她们可以放心地购买商品。

6.3　了解直播表达技巧

同样是做抖音直播，有的主播一场直播可以带货上千万元，有的主播却一场直播没卖出几件商品。之所以会出现这种差异，其中一个重要原因就是前者懂得通过营销表达技巧引导销售，而后者却不懂得通过表达带动商品的销售。下面笔者就来讲解直播带货的表达技巧，帮助主播提高带货的表达能力。

1. 欢迎用户

在抖音直播的过程中，主播如果能够掌握一些通用的表达技巧，则会获得更好的带货效果。下面笔者就来对五种直播通用的表达技巧进行分析和展示，帮助大家更好地提升自身的带货和转化获利能力。

当有用户进入直播间之后，直播的弹幕会有提示，如图 6-10 所示。主播在看到进入直播间的用户之后，可以对其表示欢迎。

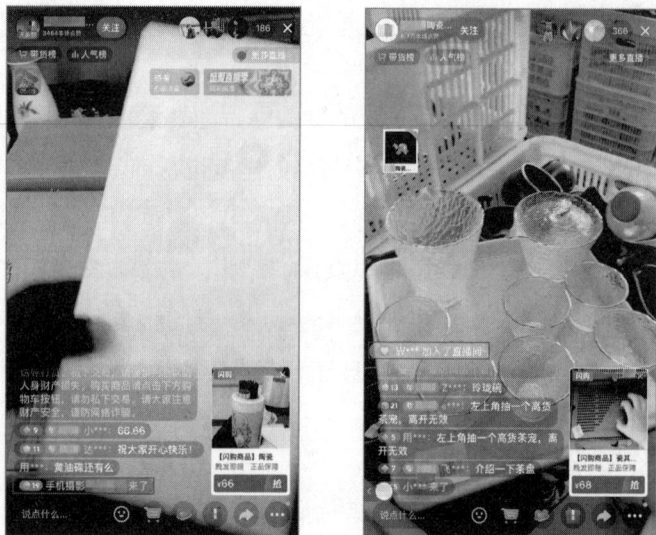

图 6-10　用户进入直播间的弹幕提示

当然，为了避免欢迎表达的形式过于单一，主播可以在分析之后，根据自身和观看直播的用户的特点来输出具体的表达语言。具体来说，欢迎用户的常见表达表式主要包括以下四种。

（1）结合自身的特色。如："欢迎 ××× 来到我的直播间，希望您能在我的直播间里学到办公软件的一些操作技巧！"

（2）根据用户的名字。如："欢迎 ××× 的到来，从名字上可以看出你很喜欢吃 ××。真巧，我也喜欢吃！"

（3）根据用户的账号等级。如："欢迎 ××× 进入直播间，哇，这么高的等级，看来是一位高手了，求守护呀！"

（4）表达对忠实粉丝的欢迎。如："欢迎 ××× 回到我的直播间，差不多每场直播都能看到你，感谢一直以来的支持呀！"

2. 感谢用户

当用户在直播中购买商品，或者给你刷礼物支持你时，主播可以通过一定的话语对用户表示感谢。

（1）对购买商品的感谢。如："谢谢大家的支持，×× 不到 1 小时就卖出了 500 件，大家太给力了，爱你们哟！"

（2）对刷礼物的感谢。如："感谢 ×× 哥的嘉年华，这是我第一次在自己的直播间里看到这个礼物，给你比心！"

3. 主动提问

在直播间向用户提问时，主播要使用更能提高用户积极性的话语。对此，笔者认为，主播可以从两方面进行思考，具体如下。

（1）提供多个选项，让用户自己选择。如："接下来，大家是想听我唱歌，还是想看我跳舞呢？"

（2）提高用户的参与度。如："大家想看哪件商品，可以在评论区打出对应的序号哦！我看哪件商品更受欢迎！"

4. 答疑解惑

了解了直播间的模板以及直播表达的方法之后，笔者将针对直播间用户经常问及的一些问题进行解答示范，这样可以更好地帮助主播应对直播间的提问，确保抖音直播带货的正常进行，具体如下。

（1）商品是否适用。用户常问的一类问题是："我的体重是××kg，身高是×××cm，这个商品我用（穿）合适吗？""×号链接（的商品），××斤左右可以穿吗？"或者"××斤，要穿哪个尺码的？"

对于这类问题，主播可以根据用户提供的具体身高和体重信息，给出合理意见；或者将当前商品的尺码与标准尺码进行对比，再做出推荐。如果销售的商品是标准码，则可以让用户直接选择平时穿的尺码。当然，主播也可以在直播间中展示商品的标准尺码推荐参考表，给用户提供一个参照。这样一来，当用户询问这一类问题时，主播直接让用户查看尺码参考表就可以了。

（2）主播自身情况。用户常问的第二类问题是主播的身高及体重等信息。部分主播会在抖音直播间中展示主播的身高及体重等信息。但是，有的用户可能没有注意到，此时主播可以直接回复用户，并且提醒用户看直播间中展示的主播信息。

（3）商品能否试用。许多用户经常会在短视频直播中询问："×号宝贝可以试一下吗？"用户之所以会问这一类问题，很可能是因为用户在观看直播时，对该商品产生了兴趣，需要主播试用。主播在面对这类提问时，可以通过一定的表达技巧来回答，并及时安排试用或试穿商品。

比如，在某服装类销售抖音直播中，部分粉丝要求主播试穿20号商品。主播在看到用户的提问之后，马上说道："好的，等下给大家试试20号。"并在展示完一套衣服之后，快速换上购物车中的 20 号商品，将商品的试穿效果展示给用户。

（4）×号宝贝的价格。用户之所以会问这个问题，主要是因为他（她）没有看商品详情，或者没有找到商品详情界面。对于这个问题，主播可以直接告知商品的价格，或者告诉用户如何找到商品详情界面。

（5）质问主播不理会。有时候用户会问主播为什么不理人，或者责怪主播没有理会她。这个时候，主播就需要安抚该用户的情绪，可以回复说没有不理，只是因为消息太多，没有看到。主播需要明白，如果没有做好安抚工作，则可能会失去这个用户。

5. 下播提醒

每场直播都有下播的时候，当直播即将结束时，主播应该通过下播表达向用户传达信号。那么，如何向用户传达下播信号呢？主播可以重点从三个方面进行考虑，具体如下。

（1）感谢陪伴。如："直播马上就要结束了，感谢大家在百忙之中抽出宝贵的时间来看我的直播。你们就是我直播的动力，是大家的支持让我一直坚持到了现在。期待下次直播还能看到大家！"

（2）直播预告。如："这次的直播马上要接近尾声了，愉快的时光过得就是快，还没和大家聊够就要说再见了。喜欢我的朋友可以在明晚 8 点进入我的直播间，到时候我们再一起聊呀！"

（3）表示祝福。如："时间不早了，我要下班了。大家好好休息，做个好梦，我们来日再聚！"

6.4 掌握直播带货技巧

大多数主播做抖音直播的主要目的就是通过带货卖货来获得收益。那么，如何提高目标用户的购买欲望，增加直播间的销量和销售额呢？下面笔者就来为大家介绍直播带货的实用技巧。

1. 通过短视频预热直播

在正式开启抖音直播之前，主播可以通过一些预热工作为直播造势，吸引更多用户及时观看你的直播。

比如，在正式开启直播之前，主播可以先通过发布短视频进行直播预告，让用户了解直播的时间和关键内容，如图 6-11 所示。

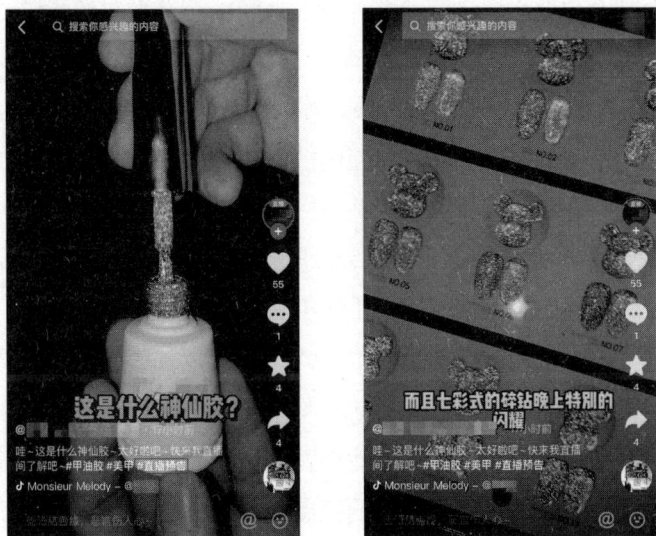

图 6-11　通过发布短视频进行直播预告

这样，用户在看到短视频之后，便会马上明白你要直播了。而且如果用户对直播内容感兴趣，则会及时观看你的直播。

2. 利用卖点提高销量

商品卖点既可以理解为商品的优势、优点或特点，也可以理解为自家商品和别家商品的不同之处。怎样让用户选择你的商品？和别家的商品相比，你家商品的竞争力和优势在哪里？这些都是主播在直播卖货过程中要重点考虑的问题。

在观看直播的过程中，用户或多或少会关注商品的某几个点，并在心理上认同该商品的价值。在这个可以达成交易的时机上，促使用户产生购买行为的就是商品的核心卖点。找到商品的卖点，便可以让用户更好地接受商品，并且认可商品的价值和效用，从而达到提高商品销量的目的。

因此，对于主播来说，找到商品的卖点，不断地进行强化和推广，通过快捷、高效的方式将找出的卖点传递给目标用户是非常重要的。

主播在直播间里销售商品时，要想让自己销售的商品获得不错的成交率，就需要满足目标用户的需求点，而满足目标用户的需求点是需要通过挖掘卖点来实现的。

但是，如果满足目标用户需求的商品在与其他商品的对比中体现不出优势，那么商品卖点也就不能被称为卖点了。要想让商品的价值更好地呈现出来，主播需要学会从不同的角度来挖掘商品的卖点。下面笔者就来为大家介绍一些挖掘卖点的方法。

（1）结合当前流行趋势挖掘卖点。流行趋势就代表着有一群人在追随这种趋势。主播在挖掘服装的卖点时，就可以结合当前流行趋势来找到服装的卖点，这也一直是各个商家惯用的营销手法。

比如，当市面上大规模流行莫兰迪色系的时候，在服装的介绍宣传上就可以通过"莫兰迪色系"这个标签吸引用户的关注；当夏天快要来临，女性想展现自己性感身材的时候，销售连衣裙的主播就可以将穿上之后更性感作为卖点。

（2）从服装的质量角度挖掘卖点。大部分人在购买商品时，都会将商品的质量作为重要的参考要素。所以，主播在直播带货时，可以重点从商品的质量方面挖掘卖点。比如，主播在挖掘服装的卖点时，可以将商家标明的质量卖点作为直播的重点内容，向用户进行详细说明。

（3）借助名人效应打造卖点。大众对于名人的一举一动都非常关注，这时，名人同款就成为服装的一个宣传卖点。

名人效应早已在生活中的各个方面产生了一定的影响，比如选用明星代言广告，可以刺激用户消费；明星参与公益活动项目，可以带领更多的人去了解、参与公益。名人效应就是一种品牌效应，它可以起到获得更多人关注的作用。

主播只要利用名人效应来营造、突出服装的卖点，就可以吸引用户的注意力，让他们产生购买的欲望。

3. 借助用户树立口碑

在用户消费行为日益理性化的情况下，口碑的建立和积累可以给短视频和直播带货带来更好的效果。打造口碑的目的就是为品牌树立一个良好的正面形象，并且口碑的力量会在传播的过程中不断加强，从而为品牌带来更多的用户流量，这也是商家都希望用户能给好评的原因。

优质的商品和售后服务是口碑营销的关键。处理不好售后问题，会让用户对商品的看法大打折扣，并且会降低商品的复购率；而优质的售后服务则能让商品和店铺获得更好的口碑。

口碑体现的是品牌和店铺的整体形象，这个形象的好坏主要体现在用户对商品的体验感上，所以口碑营销的重点还是不断提高用户的体验感。具体来说，用户的体验感可以从三个方面进行改善，如图 6-12 所示。

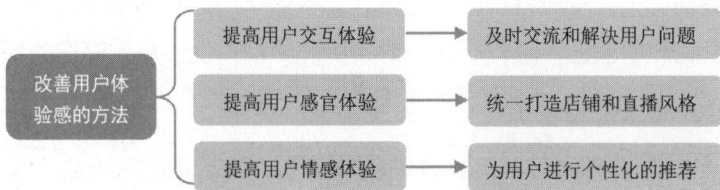

图 6-12　改善用户体验感的方法

4. 展现商品自身的实力

在抖音直播的过程中，主播可以展示使用商品之后带来的改变。这个改变也是证明商品实力的良好方法，只要改变是好的，对用户而言是有实用价值的，用户就会对你推荐的商品感兴趣。用户在观看抖音直播时如果发现了商品的与众不同，就会产生购买的欲望，所以在直播中展示商品带来的变化是非常重要的。

比如，某销售化妆品的店铺在策划抖音直播时，为了突出自家商品的非凡实力，决定通过一次以"教你一分钟化妆"为主题的直播活动来教用户化妆。因为一分钟化妆听起来有些不可思议，所以该直播吸引了不少用户的目光。这场直播不仅突出了商品的优势，而且还教会了用户化妆的技巧。因此，该店铺的这场直播不仅在短时间内吸引了 6 000 多人观看，还获得了数百笔订单。

5. 比较同类商品的差价

俗话说，"没有对比就没有伤害"，用户在购买商品时都喜欢"货比三家"，然后选择性价比更高的商品。但在很多时候，用户会因为不够专业而无法辨认商品的优劣。此时主播在直播中则需要通过与竞品进行对比，以专业的角度，向用户展示差异化，以增强商品的说服力及优势。

对比差价在直播中是一种高效的带货方法，可以带动气氛，激发用户购买的欲望。相同的质量，价格却更为优惠，那么直播间里的商品会更容易受到用户欢迎。常见的差价对比方式就是，将某类商品的直播间价格与其他销售渠道中的价格进行对比，让用户直观地看到直播间商品价格的优势。

比如，某短视频直播间中销售的煲汤砂锅的常规价为 9.9 元，券后价更是只要 7.9 元。此时，主播便可以在电商平台上搜索煲汤砂锅，展示其价格，让用户看到自己销售的商品的价格优势。

通过对比让用户看到，该抖音直播间销售的煲汤砂锅在价格上有明显的优势。在这种情况下，观看直播的用户就会觉得该直播间销售的煲汤砂锅，甚至其他商品都是物超所值的。这样一来，该直播间的销量便会得到明显的提高。

6. 围绕商品策划段子

主播在进行直播时可以策划各种幽默段子，将带货的过程变得更加有趣，让用户更愿意持续观看你的直播。

在有着"段子手"之称的某位主持人与"口红一哥"共同为武汉带货的直播间里就运用了此方法。在这场直播中，主持人讲了许多段子，如"烟笼寒水月笼沙，不止东湖与樱花。门前风景雨来佳，还有莲藕鱼糕玉露茶。凤爪藕带热干面，米酒香菇小龙虾。守住金莲不自夸，赶紧下单买回家。买它买它就买它，热干面和小龙虾"。

当主播在直播间里讲述幽默段子时，直播间里的用户通常会比较活跃。很多用户都会在评论区留言，更多的用户会因为主播的段子比较有趣而留下来继续观看直播。因此，如果主播能围绕商品特点多策划一些段子，那么直播内容就会更吸引用户。在这种情况下，直播间获得的流量和销量也将随之增加。

7. 增值内容提高获得感

主播在直播时要让用户心甘情愿地购买商品，其中比较有效的一种方法是为用户提供增值内容。这样一来，用户不仅获得了商品，还收获了与商品相关的知识或者技能，一举两得，购买商品也会毫不犹豫。

那么，增值内容主要体现在哪些方面呢？笔者将其大致分为三点，即陪伴、共享及学到东西。

典型的增值内容就是让用户从直播中获得知识和技能。比如，很多抖音直播在这方面就做得很好，一些利用直播进行销售的商家纷纷推出商品的相关教程，给用户带来更多的商品增值内容。

比如，在某销售手工商品的抖音直播间中，经常会向用户展示手工商品的制作过程，如图 6-13 所示。该直播不仅能让用户看到手工商品的制作过程，还教会用户一些制作的技巧。

图 6-13　展示手工商品的制作过程

　　在主播制作商品的同时，用户还可以通过弹幕向其咨询制作商品的相关问题，比如"这个花是用什么材质做的""这里是要把材料慢慢捏成球形吗"等，主播通常也会耐心地为用户解答。

　　这样一来，用户不仅通过抖音直播得到了商品的相关信息，而且还学到了商品制作的窍门，对手工制作也有了更多的了解。而用户在了解了商品的制作过程之后，就会想要购买主播制作的商品，或者购买材料，自己制作手工品。这样一来，直播间商品的销量自然也就上去了。

8. 呈现商品的使用场景

　　在直播营销中，想要不露痕迹地推销商品，不让用户感到太反感，比较简单有效的方法就是将商品融入场景中。这种场景营销类似于植入式广告，其目的在于营销，方法可以多种多样。具体来说，将商品融入场景中的技巧如图 6-14 所示。

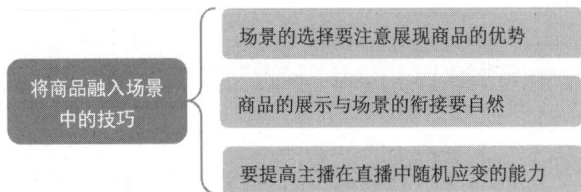

图 6-14　将商品融入场景中的技巧

比如，在某款茶叶的销售直播中，主播在家中拿着一只款式比较常见的茶杯，向用户展示泡好的茶。因为在日常生活中，许多人在家里都会用这样的茶杯泡茶，所以用户在看到这样的泡茶场景之后会觉得非常熟悉，就像直播中泡茶的就是自己，这便达到了让用户融入商品使用场景中的目的了。

因此，用户在看到抖音直播中展示的茶叶使用场景之后，就会觉得该茶叶看上去很不错。这样一来，观看直播的用户自然会更愿意购买这款茶叶，而这款茶叶的销量自然也就上去了。

9. 选用专业的直播导购

商品不同，推销方式也有所不同，在对专业性较强的商品进行直播带货时，具有专业知识的内行更容易说服用户。比如，观看汽车销售类抖音直播的用户多为男性用户，并且这些用户喜欢观看驾驶实况，他们大多是为了了解汽车资讯以及买车才看直播的，所以，如果挑选具有专业知识的主播进行讲解，会更容易受到用户的青睐。

在汽车直播中，用户关心的主要是汽车的性能、配置及价格，所以更需要专业型的导购进行实时讲解。

比如，大多数汽车销售类抖音直播中的主播本身就是对汽车的各项信息都比较了解的汽车销售，所以其在直播时的讲解比较专业。也正是因为如此，许多对汽车比较感兴趣的用户在看到该直播之后很快便被吸引了。

10. 将直播同步至抖音盒子

运营者可以直接使用抖音账号登录抖音盒子，然后通过如下步骤开启"抖音作品及电商直播间"功能，让抖音平台上发布的直播可以同步至抖音盒子平台。

▶▶ 步骤1 进入抖音盒子 App 的"首页"界面，点击下方的"我的"按钮，如图 6-15 所示。

▶▶ 步骤2 执行操作后，进入"我的"界面，点击"设置"按钮，如图 6-16 所示。

▶▶ 步骤3 执行操作后，进入"设置"界面，选择"账号与安全"选项，如图 6-17 所示。

▶▶ 步骤4 执行操作后，进入"账号与安全"界面，选择"信息管理"选项，如图 6-18 所示。

图 6-15　点击"我的"按钮

图 6-16　点击"设置"按钮

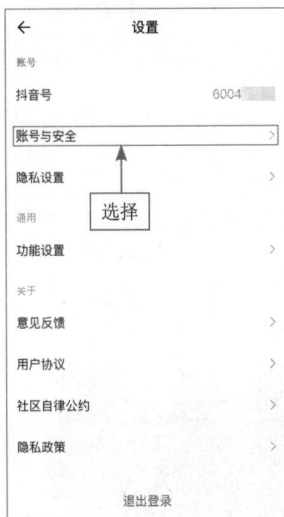

图 6-17　选择"账号与安全"选项

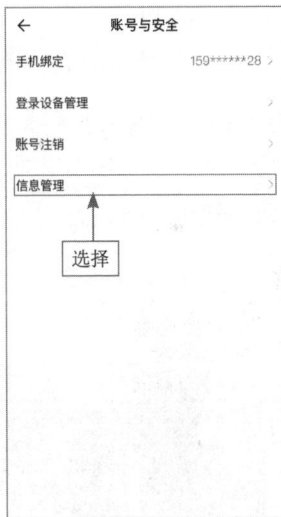

图 6-18　选择"信息管理"选项

▶▶ 步骤5　执行操作后，进入"信息管理"界面，选择"抖音作品及电商直播间"选项，如图 6-19 所示。

▶▶ 步骤6　执行操作后，进入"抖音作品及电商直播间"界面，启用"抖音作品及电商直播间"功能，如图 6-20 所示，即可让抖音平台上发布的短视频或直播同步至抖音盒子平台。

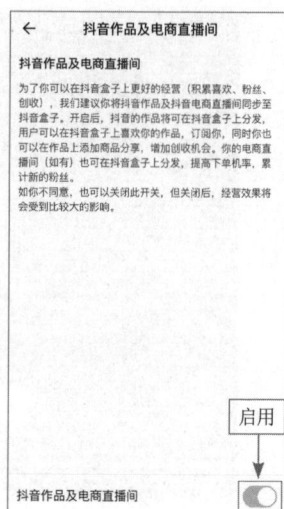

图 6-19　选择"抖音作品及电商　　　　图 6-20　启用"抖音作品及
　　　　直播间"选项　　　　　　　　　　电商直播间"功能

　　在启用"抖音作品及电商直播间"功能之后，运营者在抖音平台上开启直播时，直播内容会同步至抖音盒子平台。图 6-21 所示为抖音和抖音盒子 App 上同步的直播画面。这就相当于开一场直播可以同时吸引两个平台的流量，而直播的带货效果自然也会更好。

图 6-21　抖音和抖音盒子 App 上同步的直播画面

第 **7** 章
抖音商城获取
稳定销量

抖音平台为了方便用户寻找商品，打通"人找货"的消费路径，特意在抖音 App 的"首页"界面中展示了"商城"板块。商家上传至抖音平台的商品，可以在"商城"板块中得到曝光。那些店铺信息和商品信息设计得好的商家。甚至还能借助这些曝光获得稳定的销量。

7.1　打通双向消费链路

双向消费链路即"货找人"和"人找货"消费路径。"货找人"是指运营者主动对商品进行营销推广，吸引用户购买商品；而"人找货"则是指用户主动寻找并购买商品。

在"兴趣电商"这个概念被提出之前，抖音官方、商家和达人基本都是从"货找人"消费路径来发展电商的。具体来说，在抖音平台中推出了许多营销推广功能，助力商家和达人推广商品；商家通过上传商品并寻找带货达人推广商品，从而让更多用户购买商品；而达人则通过在抖音平台上发布内容来推广商品，获得带货收入。

图 7-1 所示为某带货达人发布的商品推广短视频，在该短视频中通过展示商品，并提供便利的购买途径（用户点击购物车链接，即可在弹出的窗口中购买商品）来吸引用户购买商品，这显然便是从"货找人"的消费路径来进行带货的。

图 7-1　从"货找人"的消费路径来进行带货

而在"兴趣电商"这一概念被提出之后，抖音官方开始在"人找货"消费路径上发力，其中一项重大举措就是在"首页"界面中推出了"商城"板块。商家上传到抖音平台上的商品和运营者发布的商品推广内容，都可以从"商城"板块中搜索到。这样一来，许多用户会主动搜索并购买商品，"人找货"的消费路径也被抖音打通了。

具体来说，用户可以通过如下操作，进入抖音"商城"搜索并购买自己需要的商品，让"人找货"的消费路径变得简单、高效。

▶▶ 步骤1　打开抖音 App，进入"首页"界面中的"推荐"板块，点击界面上方的"商城"按钮，如图 7-2 所示。

▶▶ 步骤2　执行操作后，切换至"商城"板块，点击搜索框，如图 7-3 所示。

图 7-2　点击"商城"按钮

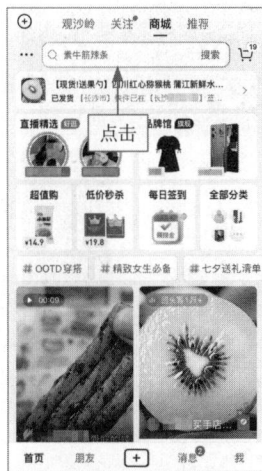

图 7-3　点击搜索框

▶▶ 步骤3　执行操作后，❶在搜索框中输入商品名称，如"口红"；❷点击"搜索"按钮，如图 7-4 所示。

▶▶ 步骤4　执行操作后，进入搜索结果界面，点击对应商品信息所在的位置，如图 7-5 所示。

图 7-4　点击"搜索"按钮

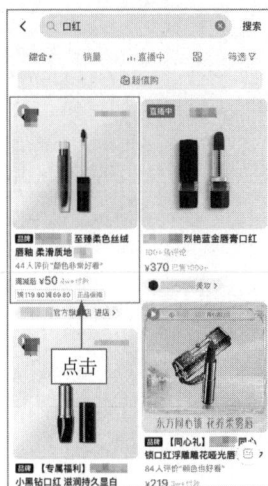

图 7-5　点击对应商品信息所在的位置

▶▶ 步骤5 执行操作后，进入商品推广内容的播放界面，同时会弹出商品详情窗口，点击"立即购买"按钮，如图 7-6 所示。

▶▶ 步骤6 执行操作后，弹出商品购买信息设置窗口，❶设置商品的购买信息；❷点击"领券购买"按钮，如图 7-7 所示。

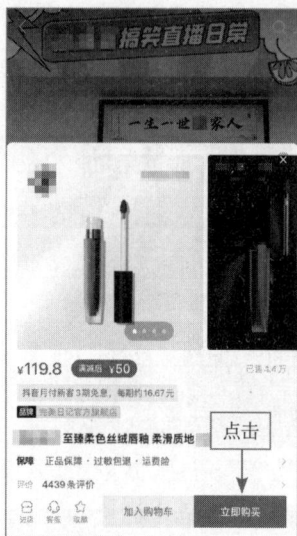

图 7-6 点击"立即购买"按钮

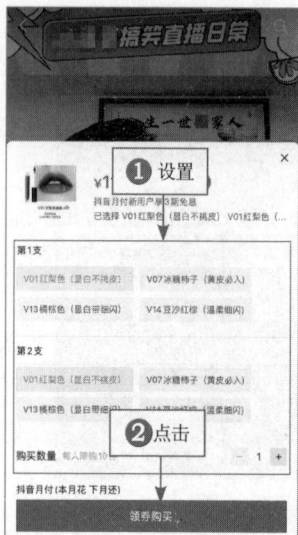

图 7-7 点击"领券购买"按钮

▶▶ 步骤7 执行操作后，进入订单信息界面，查看订单信息，确认无误后，点击"提交订单"按钮，如图 7-8 所示，并支付对应的款项，即可下单购买商品。

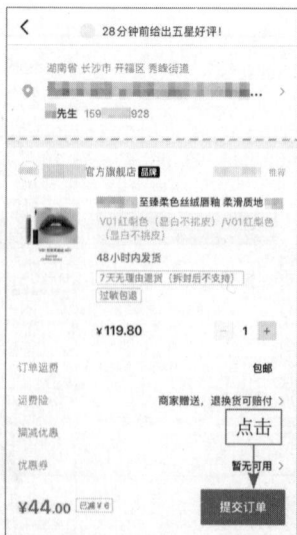

图 7-8 点击"提交订单"按钮

7.2 参加官方推出的活动

抖音官方会推出一些活动，并且活动的相关信息会在"商城"板块的特定位置中进行展示。用户在进入"商城"板块之后，即可看到相关的活动，甚至可以从中选择中意的商品进行购买。

具体来说，用户在进入"商城"板块之后，即可看到"超值购""低价秒杀"等平台活动（随着系统的更新和平台策略的调整，活动可能会有所变化）。用户可以点击对应活动板块所在的位置，如点击"超值购"板块所在的位置，如图 7-9 所示。执行操作后，即可进入"超值购"界面，如图 7-10 所示，查看和购买"超值购"活动中的商品。

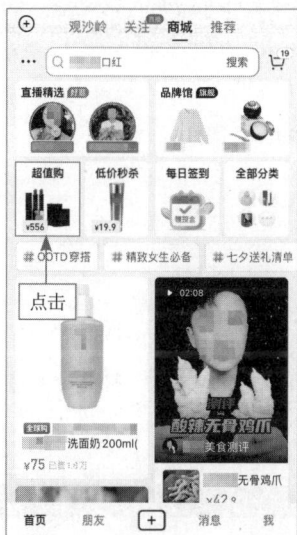

图 7-9 点击"超值购"板块所在的位置

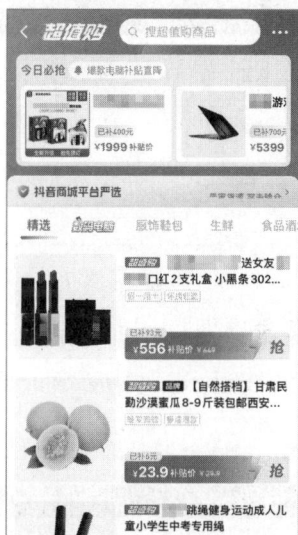

图 7-10 "超值购"界面

商家可以进入抖音电商学习中心平台查看相关活动的招商规则，然后按照上面的方法和要求参加活动。例如，抖音电商学习中心平台中的《抖音商城超值购招商规则》就对参加"超值购"活动的价格、物流和商家要求，以及商品的参与条件进行了具体说明。

7.3 做好店铺的装修设计

许多商家都会将店铺装修作为一项重点的工作内容，这主要是因为适时进行店铺装修不仅可以提高店铺页面的美观度，而且还可以让更多用户被店铺内容吸引，主动购买商品，成为店铺的消费者，达到提高店铺转化效果的目的。

具体来说，抖音小店的页面可以分为大促活动页、精选页、分类页和自定义页。下面笔者就来分别介绍这些页面的装修技巧。

1. 大促活动页的装修技巧

很多抖音小店在节日、周年庆等特殊时间节点时，都会举行大促（大规模促销）活动。此时，商家便需要通过店铺大促活动页装修来营造氛围。那么，如何对店铺大促活动页进行装修呢？下面笔者就来介绍具体的操作步骤。

▶▶ 步骤 1　进入抖店后台的"首页"页面，单击左侧导航栏"店铺"板块中的"店铺装修"按钮，如图 7-11 所示。

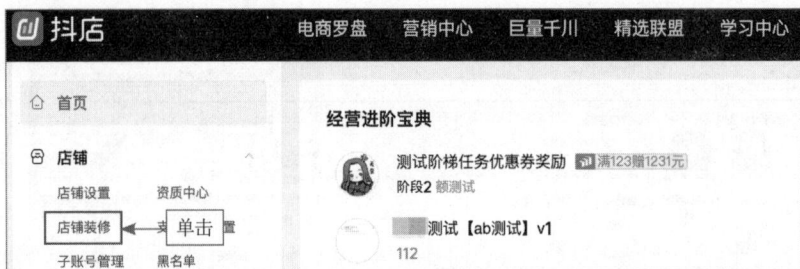

图 7-11　单击"店铺装修"按钮

▶▶ 步骤 2　执行操作后，进入"店铺装修"后台，❶单击导航栏中的"大促活动页"按钮，进入对应页面；❷单击页面下方的"装修页面"按钮，如图 7-12 所示。

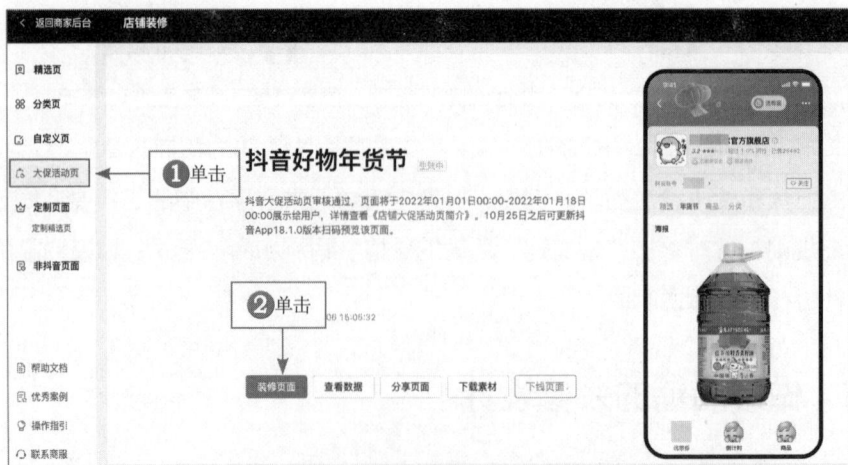

图 7-12　单击"装修页面"按钮

步骤3 执行操作后，进入"大促承接页"页面，如图7-13所示。商家可以将左侧的组件拖至页面的中间部分，进行店铺装修。装修完成后，单击页面右上方的"生效"按钮，即可应用大促活动页装修效果。

图 7-13 "大促承接页"页面

2. 精选页的装修技巧

精选页即抖音小店商品橱窗精选页，对该部分页面进行装修可以起到突出重点商品、提高商品转化率等效果。那么，商家要如何对精选页进行装修呢？下面笔者就来介绍具体的操作步骤。

步骤1 进入"店铺装修"后台，单击左侧导航栏中的"精选页"按钮，进入"精选页"页面。单击该页面"精选页版本"板块中对应版本后方的"编辑"按钮，如图7-14所示。

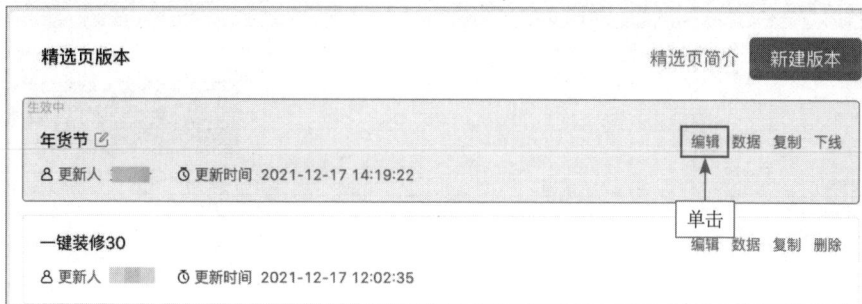

图 7-14 单击"编辑"按钮

步骤2 执行操作后，进入该版本精选页装修页面，商家可以单击页面中间的对应位置，对相关内容进行装修。例如，单击"海报"所在的位置，会弹出"海报"设置窗口，在此处可以设置模块标题、描述和图片等装修元素，如图 7-15 所示。

图 7-15　弹出"海报"设置窗口

3. 分类页的装修技巧

分类页是指抖音小店装修的橱窗分类页，通过分类页的装修可以对商品进行分类整理，让用户更加快速、准确地找到需要的商品，从而达到提高商品转化率的目的。

分类页可以通过编辑生效中的版本或新建版本来进行装修。下面笔者就以新建版本为例，讲解具体的装修方法。

▶▶ 步骤1　❶单击"店铺装修"后台左侧导航栏中的"分类页"按钮，进入"分类页"页面；❷单击页面右上方的"新建版本"按钮，如图 7-16 所示。

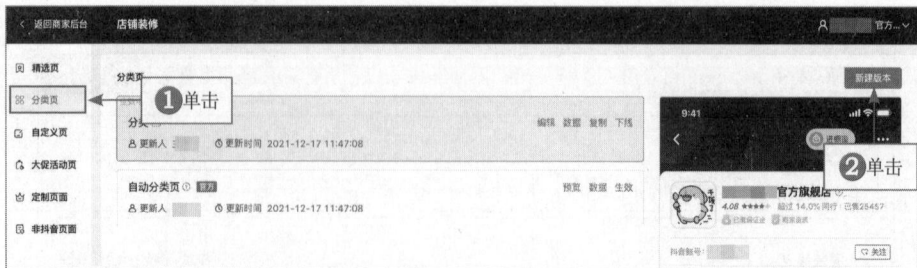

图 7-16　单击"新建版本"按钮

▶▶ 步骤2　执行操作后，对版本信息进行基本设置，即可进入分类页装修页面，如图 7-17 所示。商家只需要在右侧的"分类列表"窗口中设置标题和商品信息，并单击页面上方的"生效"按钮，即可完成分类页的装修。

图 7-17　分类页装修页面

4. 自定义页的装修技巧

自定义页是指按照自己的想法定义的页面，这种页面不固定在店铺中的某个位置，可以当成精选页海报的跳转链接页使用。与其他页面类型不同，自定义页是不能单独存在的。因此，如果商家要对自定义页进行装修，则需要将自定义页关联其他种类的页面。下面笔者以关联精选页为例，介绍具体的操作方法。

商家可以进入店铺精选页的装修页面，❶单击需要添加自定义页的位置；❷单击弹出的窗口中的"添加"按钮，如图 7-18 所示。执行操作后，只需要设置自定义页跳转链接的相关信息，即可将自定义页关联精选页。

图 7-18　自定义页装修技巧的部分内容

7.4　商品详情信息的设计技巧

用户在挑选商品时，会通过商品详情信息来判断是否要点击查看或购买商品。因此，那些商品详情信息设计得好的商品，能够快速吸引用户的关注，获得大量的流量和销量。下面笔者就来为大家介绍商品详情信息的设计技巧。

1. 文字要易于理解

在设计商品详情信息中的文字时，商家要谨记文字不但是传达信息的载体，也是商品信息设计中的重要元素，必须保证文字的可读性，用严谨的设计态度进行创新。通常经过艺术设计的字体能更形象、更具美感地将相关信息呈现出来，并让用户铭记于心。

随着智能手机的崛起，人们在智能手机上进行操作、阅读与信息浏览的时间越来越长，也促使人们的阅读体验变得越来越重要。文字是影响用户购买体验的关键元素之一，因此，商家在设计文字信息时，必须让文字可以被用户轻松、准确地识别并理解。

图 7-19 所示为有无英文的商品宣传图对比，左图为有英文的商品宣传图，用户需花费一定的时间来识别英文所传达的信息；而右图为无英文的商品宣传图，两者一比较，左图中的英文属于无效信息，而右图中的信息则更清楚明了。

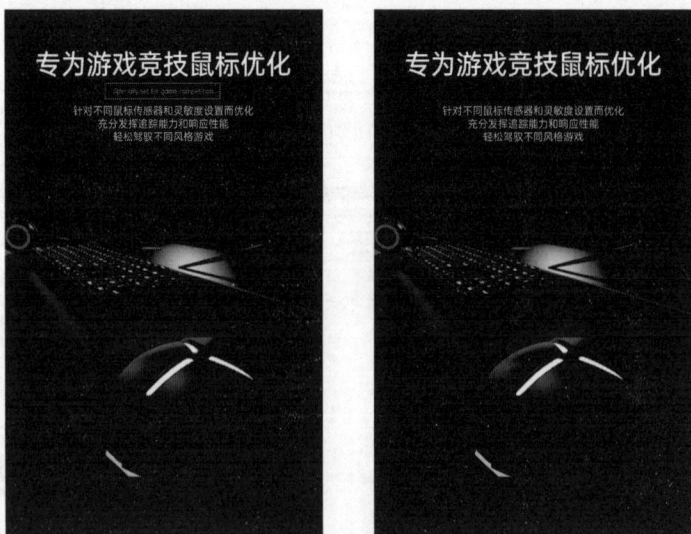

图 7-19　有无英文的商品宣传对比图

在进行商品信息的设计与文字编排时，应该多使用一些用户比较熟悉与常见的词汇，这样不仅可以避免让用户去思考其含义，还可以防止用户对文字产生歧义，让用户更加轻松地对界面进行识别。另外，还要注意避免使用不常见的字体，这些缺乏识别度的字体可能会让用户难以理解其中的文字信息。

2. 色彩要绚丽夺目

色彩设计能够让图片富有极强的表现力和视觉上的冲击力。对于进入店铺的用户来说，他们首先会被店铺中的图片色彩吸引，然后根据色彩的走向对画面的主次逐一进行了解。把店铺图片的色彩设计好，就会在视觉上吸引用户，从而提高店铺商品的转化率。

图 7-20 所示为使用多种色彩设计的商品宣传图，图中的各物体和背景被设计成多种不同的颜色。这样设计图片可以让画面色彩更丰富，更具有感官刺激性，也更容易吸引用户的注意力，让用户产生浓厚的兴趣。

图 7-20 使用多种色彩设计的商品宣传图

除了图片中物体的颜色外，适当地设置文字的色彩，也可以增强内容的视觉表现力。通常的手法是给文字内容穿插不同的颜色或者增强文字与背景色彩之间的对比，使文字具有更强的表现力，帮助用户快速理解文字信息，同时也方便用户对其进行浏览。

图 7-21 所示为使用不同色彩文字的图片，图中通过改变文字的色彩，使商家所要传达的文字信息更加明显。商家利用此方法设计商品文字，不仅能提高整体的美观度，还能让用户快速把握关键信息。

图 7-21　使用不同色彩文字的图片

3. 设计要富有创意

在设计商品详情信息时，商家要通过富有创意的视觉设计来吸引用户的目光，让他们感觉有东西可看。这样用户才愿意停下来查看商品的信息，并在此基础上判断是否要下单购买。

那么，商家如何增加商品详情信息的可看性？例如，采用明暗对比构图来展示商品，可以让明亮的商品（紫砂杯）与暗淡的背景相互映衬，体现出一种节奏分明、有张有弛的视觉感受，如图 7-22 所示。

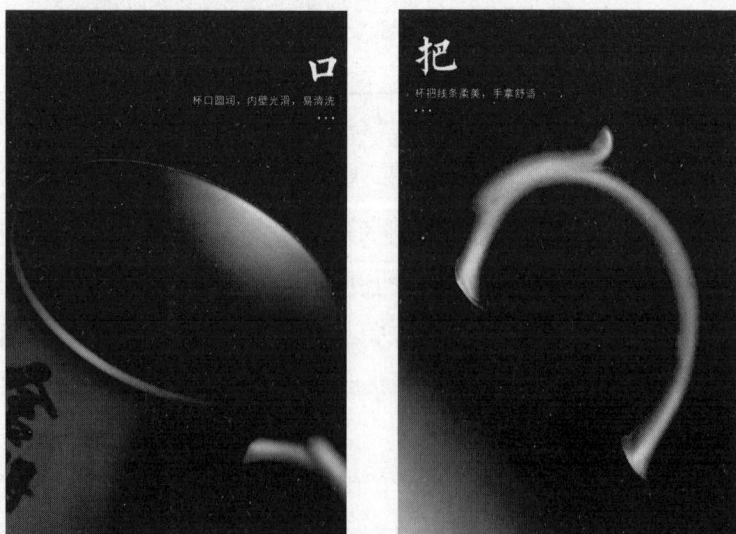

图 7-22　明暗对比的视觉设计

4. 提炼商品的卖点

如果商家的主营商品是手机、空调、电视机或者冰箱等功能性商品，那么，用户在购买这些商品时，对于商品的品牌和性能通常都有一定的要求。因此，商家可以在商品详情界面的主图中提炼商品的核心卖点，并展示商品的正品保障，从而吸引用户的注意力，如图 7-23 所示。

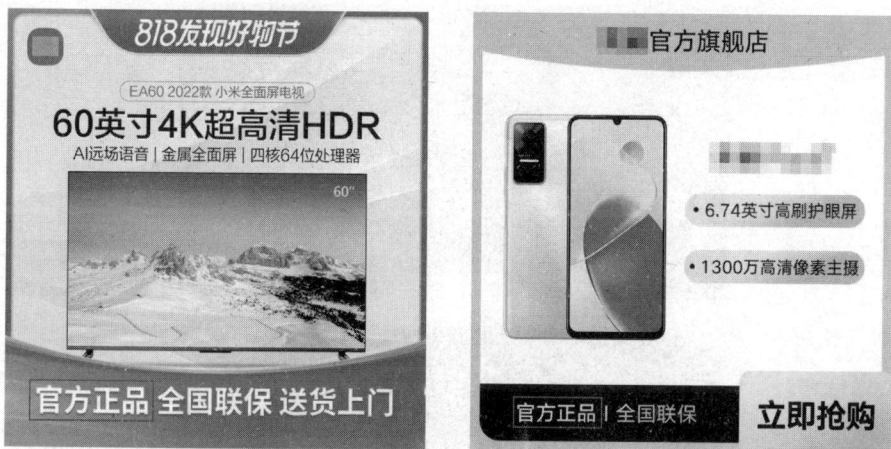

图 7-23　展示商品的正品保障

5. 做好文案的优化

在设计创意图片或主图的文案内容时，文案的重要性决定了你的图片是否能够给予用户充足的点击理由。切忌把所有卖点都罗列在创意主图之上，因为主图设计的目的是吸引用户直接点击。下面总结写好一个主图文案要注意的几个关键点。

（1）你要写给谁看——用户定位。

（2）他（她）的需求是什么——用户痛点。

（3）他（她）的顾虑是什么——打破疑虑。

（4）你想让他（她）看什么——展示卖点。

（5）你想让他（她）做什么——吸引点击。

商家不仅要紧抓用户需求，而且要用一个精练的文案表达公式来提升点击率，切忌絮絮叨叨、毫无规律地堆砌相关卖点。

6. 调动用户的联想

人的不同感官的感觉可以通过联想的方式联系在一起，比如俗语"一朝被蛇咬，十年怕井绳"中就涵盖了这种心理效应。商家在借助各电商平台进行视觉营销时也可利用用户的这一心理。尤其是对于食物类的商品而言，如果将视觉效果打造得格外细腻、逼真，或者看起来让人垂涎欲滴，就能够达到视觉营销的目的。

图 7-24 所示为某款扣肉的宣传图，该图便是利用通感效应让用户看到扣肉之后垂涎欲滴，忍不住想要买来尝尝。

图 7-24　商品宣传图对通感效应的应用

7. 用一秒传达信息

"一秒法则"是指在一秒之内，将商品详情界面宣传图中的营销信息有效地传达给用户，也就是让用户通过图片"秒懂"商品的意思。如果商品宣传图中的信息非常多，包括商品图片、商品品牌、商品名称、广告语、商品卖点以及应用场景等内容，那么对于用户来说，显然是无法在一秒之内就看明白的。

商品营销图片中的信息过于杂乱，用户很难快速看出该商品与同类型商品有哪些差异化的优势，也无法精准对接用户的真实需求。

图 7-25 所示为某商品的宣传图，图中虽然只有一些简单的字眼，但是能够让用户快速了解商品的特点。如果文案恰好能满足用户的需求，则很容易吸引用户点击图片去查看商品的详情。

大部分用户浏览商品的速度都是比较快的，可能短短几秒就会看几十个同类型的商品，通常不会太过注意图片中的内容。因此，商家一定要在商品宣传图上放置能够引起用户购买兴趣的有效信息，不能让多余的信息成为用户的负担，否则，当用户看到你的商品宣传图之后可能就提不起兴趣了。

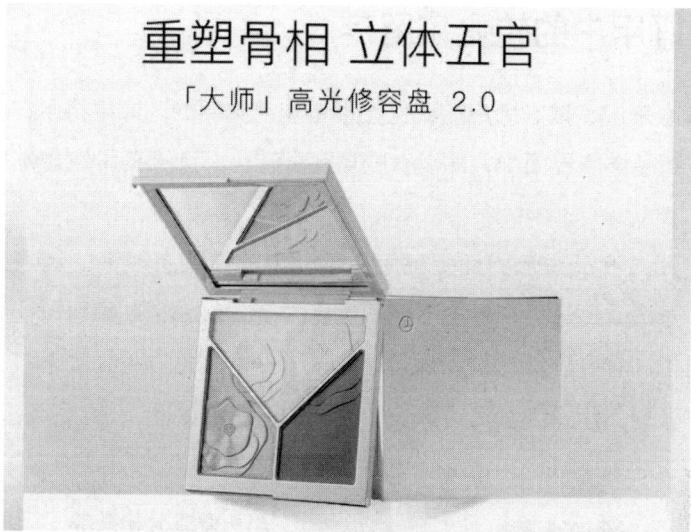

重塑骨相 立体五官
「大师」高光修容盘 2.0

图 7-25 简单明了的商品宣传图

宣传图对于商品销售来说非常重要，那些内容不全面、抓不到重点的宣传图是很难吸引用户关注的。因此，商家在设计商品宣传图时，一定要突出重点信息，将商品的核心卖点充分展现出来，并且加以修饰和润色。对于那些无关紧要的内容，一定要及时删除，不要影响主题的表达。

8. 抓住用户的需求痛点

商品详情界面中的图片不但要设计得美观大气，也要能充分体现商品的核心卖点，从而戳中用户的痛点，这样用户才有可能为你的商品驻足。例如，商家销售的商品是卷纸，卷纸的数量多少和材质如何一般是用户所考虑的，因此商家即可在主图上体现出该商品数量多和材质好的特点。

在很多时候，商品销量不高并不是因为商家提炼的卖点不够好，而是因为商家认为的卖点并不是用户的痛点所在。卖点如果不能满足用户的需求，那么对用户来说自然没有吸引力。当然，前提是商家要做好商品定位，明确自己的目标用户群体追求的是什么，并以此为依据进行创意图片的优化设计。

例如，用户想买一个材质安全性比较高的保温盒，而商家在主图上突出的信息是商品的功能，这样就无法吸引用户点击了。商家一定要记住，用户的痛点才是创意主图上的卖点。图片上展示的信息如果与用户的实际需求相符合，能够有效地传达出商品信息，那么点击率自然就会提高。

7.5 做好用户的转化和留存

对于商家来说，做好用户的转化无疑是非常重要的。如果将用户从"商城"板块吸引至商品详情界面中，却没有成功实现转化，那么各种宣传推广相当于做了无用功。

其实，通过商品详情界面提高用户转化率的方法有很多，其中比较直接、有效的一种方法就是让用户看到商品的优惠力度。例如，商家可以让商品参与秒杀活动，让用户感受到活动价和原价之间的差距，如图 7-26 所示；又如，商家可以发放优惠券，让用户看到用券前后价格的对比，如图 7-27 所示。

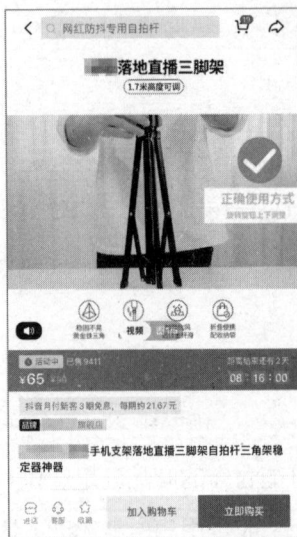

图 7-26　商品参与秒杀活动　　　图 7-27　商家发放优惠券

如果商家想让用户持续在自己的店铺中进行消费，则还需要用心做好用户的留存。对此，商家可以开启加入店铺会员功能，引导用户加入店铺会员，从而提高用户再次进店消费的可能性。

抖店上线了"店铺会员"功能，商家可以引导用户加入店铺会员，让营销内容更好地触达用户，从而有效地提升店铺的收益。当然，商家要想在抖音平台中直接引导用户加入店铺会员，还得先在抖店后台开通会员功能。

具体来说，❶商家单击抖店后台左侧导航栏中的"人群触达"按钮，可以看到开通会员的相关信息；❷选中"我已阅读并同意《抖店会员通功能服务协议》"复选框；❸单击"立即开通"按钮，如图 7-28 所示，即可开通会员功能。

图 7-28　在抖店后台开通会员功能

开通会员功能之后，商家可以通过店铺装修，在店铺的相关位置中展示加入店铺会员的入口，吸引用户加入店铺的会员。例如，某商家在店铺中为用户提供了加入店铺会员的入口，用户只需通过如下操作即可成为店铺的会员。

▶▶ 步骤1　进入该店铺相关商品的详情界面，滑动界面至店铺信息板块，点击"进店逛逛"按钮，如图 7-29 所示。

▶▶ 步骤2　执行操作后，进入该店铺的"首页"界面，即可看到加入店铺会员的相关对话框，点击对话框中的"即刻入会"链接，如图 7-30 所示。

图 7-29　点击"进店逛逛"按钮

图 7-30　点击"即刻入会"链接

▶▶ 步骤3 执行操作后，进入"开通会员"界面，❶选中"同意《会员授权协议》"复选框；❷点击"开通会员"按钮，如图7-31所示。

▶▶ 步骤4 执行操作后，如果进入"会员中心"界面，并显示会员的相关信息，就说明入会成功了，如图7-32所示。

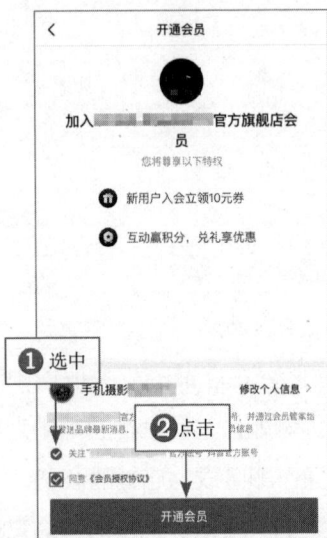

图7-31 点击"开通会员"按钮   图7-32 "会员中心"界面

第 **8** 章

商品搜索精准
匹配需求

在抖音平台上，有的用户带有非常明确的交易属性，因此有的搜索流量是非常精准、优质的被动流量，而且其转化率甚至不亚于短视频的流量。只要运营者的短视频文案或商品标题与用户搜索的关键词精准匹配，就有机会获得展现并带来流量和转化。

8.1　了解抖音搜索功能

因为许多用户都是通过搜索功能来查找和观看抖音账号内容的，所以运营者想要借助搜索功能提升短视频和账号的曝光量，还得了解抖音搜索功能的运行规则，并据此打造更容易被搜索到的内容。

具体来说，运营者可以点击抖音 App "首页"界面中的🔍图标，如图 8-1所示。执行操作后，即可进入抖音搜索界面。点击抖音搜索界面中的输入框，如图 8-2 所示。

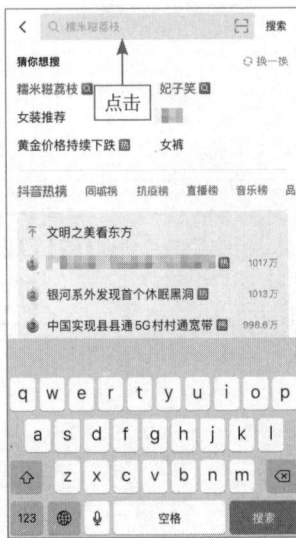

图 8-1　点击🔍图标　　　　图 8-2　点击抖音搜索界面中的输入框

执行操作后，❶在输入栏中输入需要搜索的内容，如"男装"；❷点击"搜索"按钮，如图 8-3 所示。执行操作后，自动进入"综合"搜索界面，在该界面中会根据搜索词向运营者推荐内容，如图 8-4 所示。

从搜索结果中可以看出，在搜索结果界面中会将当前直播中添加的相关商品排在前列。所以，对于运营者来说，经常开启直播，并在直播购物车中添加相关商品，也是增加商品搜索曝光量的一种有效途径。

另外，在搜索界面中有两个需要重点关注的板块，即"猜你想搜"板块和"抖音热榜"板块。具体来说，"猜你想搜"板块会根据他人的热搜内容和用户的个人兴趣推荐一些热点内容，而"抖音热榜"板块则会展示抖音平台中热度较高的内容。借助这两个板块，运营者可以快速了解当前用户比较感兴趣的内容和抖音平台中热度较高的内容，并将这些内容中的关键词融入自己的作品中，让自己的作品更容易被用户看到。

图 8-3　点击"搜索"按钮　　　图 8-4　"综合"搜索界面

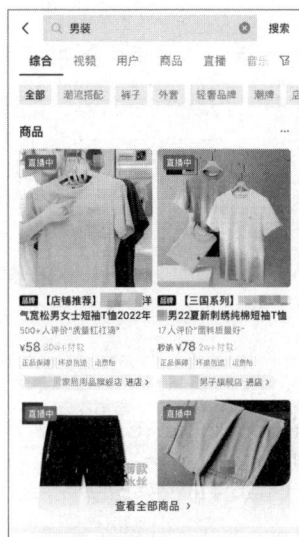

通常来说，"抖音热榜"板块中的内容是根据热度自动进行展示的，而"猜你想搜"板块展示的内容则会因人而异。如果运营者想了解更多热搜内容，还可以点击"猜你想搜"板块中的"换一换"按钮，如图 8-5 所示。执行操作后，"猜你想搜"板块中的热搜内容便会出现变化，如图 8-6 所示。

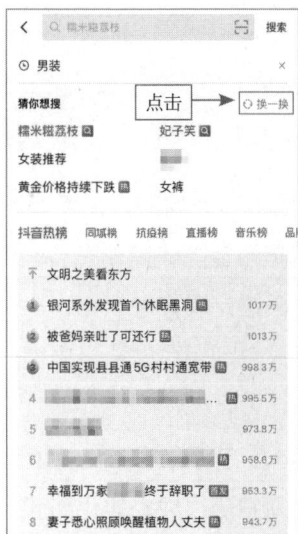

图 8-5　点击"换一换"按钮　　　图 8-6　"猜你想搜"板块中的热搜

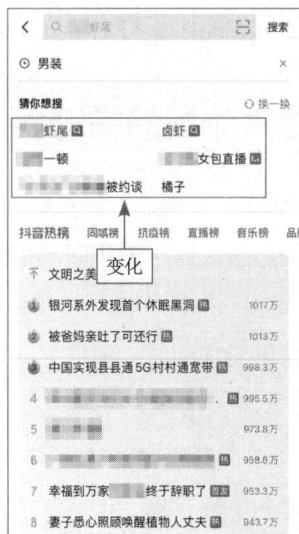

内容出现变化

有的运营者可能会觉得抖音 App 的"猜你想搜"板块和"抖音热榜"板块中展示的很多内容与商品很难产生直接的联系，对此，运营者可以打开抖音 App，点击"首页"界面中的搜索框，进入搜索界面，查看"搜索发现"板块和"大家都在看"板块中的内容，如图 8-7 所示。

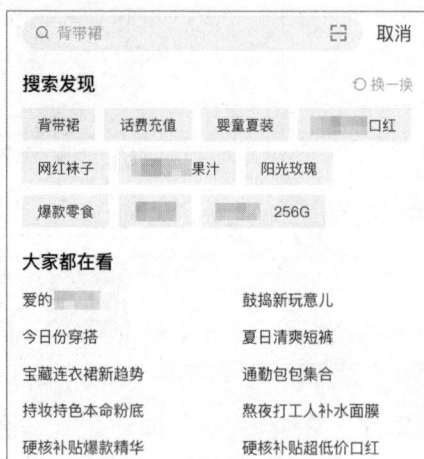

图 8-7　抖音 App 的搜索界面

"搜索发现"板块和"大家都在看"板块中的内容在抖音平台中都有一定的热度，而抖音盒子又是抖音主打的一个电商平台，在该平台上受欢迎的商品，在抖音平台上通常也是有较高热度的。运营者可以将这两个板块中出现的相关词汇融入自己的作品中，打造曝光量更高的带货内容。

8.2　提升流量的精准度

对于电商行业来说，流量的重要性显然是不言而喻的，很多商家都在借助各种各样的方法来为店铺和商品引流，目的就是希望能够提升商品销量，打造爆款。流量的提升说难不难，说容易也不容易，关键是看你怎么做，舍得花钱的可以采用付费渠道来引流，规模小的店铺则可以充分利用免费流量来提升商品的曝光量。

这一点在抖音平台上也是殊途同归的，运营者所做的图文、短视频或直播内容，都要为能够直接"种草"或引流到直播间并最终成交转化而服务。也就是说，流量一定要精准。

例如，很多运营者在抖音上拍摄段子内容，然后在剧情中植入商品。拍段子相对来说会比较容易吸引用户关注，也容易产生爆款内容，能够有效触达更多的用户，但获得的往往是"泛流量"，用户关注的更多是内容，而不是商品。很多运营者内容做得非常好，但转化效果却很差，通常就是流量不精准造成的。

当然，并不是说这种流量一无是处，有流量自然好过于没有流量，但运营者更应该注重流量的精准度。如果一定要拍段子，就要注意场景的代入，在段子中突出商品的需求场景及使用场景，这样的内容会更符合抖音的算法机制，从而获得更多的曝光量。

8.3　整合搜索与电商业务

如今，搜索业务已经成为抖音乃至整个"字节系"产品的重中之重，未来将会更加深度地整合搜索与电商业务。为此，今日头条还专门发布了《2021今日头条年度搜索报告》，从热词、热门新闻等多个维度回顾了过去一年中人们搜索的内容，如图8-8所示。

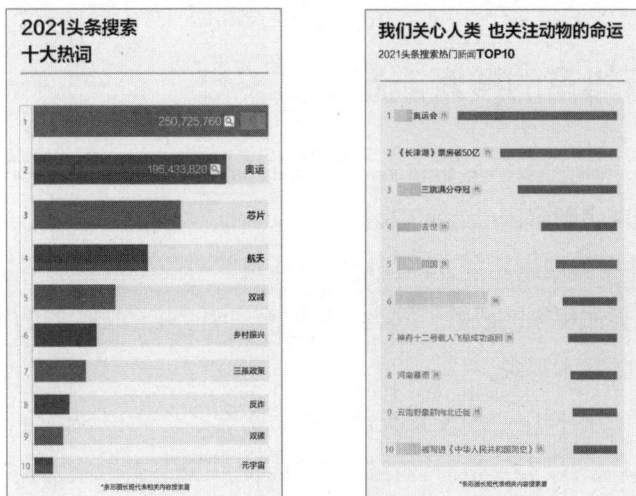

图 8-8　《2021今日头条年度搜索报告》的部分内容

从今日头条的搜索数据量来看，字节跳动的搜索业务已经非常成熟了，在抖音电商中布局搜索功能也会变得更加如鱼得水，而且抖音上某些关键词的搜索指数甚至已经超过百度。

另外，抖音还向百度搜索开放了索引，这就意味着用户可以直接在百度中搜索到抖音的内容，如图8-9所示。

对于运营者来说，其发布的作品可以获得来自百度的搜索流量，从而触达更多的抖音站外流量。而且搜索流量是一种长尾流量，一旦布局将终身受益，最重要的是这种流量完全是免费的。

> 专家提醒：长尾流量是指前期和后期都可以获得的、具有长尾效应的流量。

图 8-9 在百度中可以搜索到抖音的内容

8.4 解析抖音的搜索流量

搜索优化是每个电商运营者必须知道的技术，做好搜索优化的目的就是让更多的人知道或者看到自己店铺内的商品。

抖音通过完善搜索功能，不仅可以让流量的分配变得更加均衡，而且还能够降低对平台算法机制的依赖，同时也从侧面证明了平台上内容的丰富度，已经能够满足用户的基本需求。

抖音搜索会根据用户的搜索类别和搜索筛选条件来呈现内容，越符合筛选条件的内容类别，越容易排在搜索结果的前列。下面笔者就来为大家讲解抖音搜索分类和搜索筛选条件的相关内容。

1. 搜索分类

抖音的搜索分类包括综合、视频、用户、商品、直播、音乐、地点和话题，除了综合搜索分类外，在其他分类中通常都只会展示对应类别的内容。下面笔者就来分别对抖音搜索分类进行简单说明。

（1）综合搜索分类。在综合搜索分类中有一个"商品"板块，在这个板块中会展示符合用户搜索要求的商品。除了"商品"板块外，在综合搜索分类界面中还会展示各种与搜索词相关的短视频和直播，用户只需点击短视频或直播的封面，即可查看对应的内容，并购买相关的商品。

　　另外，在综合搜索分类中还会展示一些关键词，用户可以点击对应的关键词进行更加精准的搜索，如图 8-10 所示。而对于运营者来说，自己的内容与这些关键词的相关性越强，越容易被用户看到。

图 8-10　点击对应的关键词进行更加精准的搜索

　　（2）视频搜索分类。在视频搜索分类界面中只会展示与搜索词相关的内容。和综合搜索分类相同，在视频搜索分类界面中也会为用户提供一些关键词，用户可以点击对应的关键词查看相关的短视频，如图 8-11 所示。

图 8-11　点击对应的关键词查看相关的短视频

通常来说，在视频搜索分类界面中会根据视频内容与搜索词的相关性、账号名称与搜索词的相关性、视频的互动数据（包括销量）对视频进行排序。对于运营者来说，视频内容和账号名称与搜索词的相关性越高、短视频的互动数据越好，对应短视频的搜索曝光量也会越多。

（3）用户搜索分类。这里的"用户"实际对应的就是抖音账号的名称。在用户搜索分类界面中会根据搜索词展示相关的抖音账号。用户只需点击对应抖音账号的相关信息，即可进入其主页界面（如果抖音账号正在直播，点击其账号头像，则会进入该抖音账号的直播界面），如图8-12所示。

图8-12　点击对应抖音账号的相关信息进入其主页界面

通常来说，运营者的抖音账号粉丝量越多、抖音账号名称与搜索词的相关性越强，抖音账号就越容易出现在用户搜索分类界面的前列。而且对于运营者来说，抖音账号排在用户搜索分类界面的前列，就意味着有更多用户会关注自己的账号、查看自己的内容，甚至购买自己推荐的商品。

（4）商品搜索分类。在商品搜索分类界面中主要展示的是三类内容，即添加了与搜索词相关的商品的直播、添加了与搜索词相关的商品的短视频、与搜索词相关的商品信息。通常来说，标题中包含了搜索词、销量较高、正在直播的商品会排在商品搜索分类界面的前列。也就是说，除了在标题中添加精准的搜索词和提高商品的销量外，运营者还可以通过多直播来增加商品在该搜索分类界面中的曝光量。

另外，在商品搜索分类界面中还会根据搜索词给出一些细分商品类别的词汇，比如在搜索"男装"时，便出现了"夏季""T恤""衬衫""牛仔裤"和"套装"等词汇。用户只需点击某个词汇对应的按钮，即可查看相关细分类别的商品，如图8-13所示。

图8-13　查看细分类别的商品

（5）直播搜索分类。在直播搜索分类界面中会展示与搜索词相关的直播内容，并且用户只需点击直播画面所在的位置，即可进入对应的直播界面，全屏观看直播，如图8-14所示。

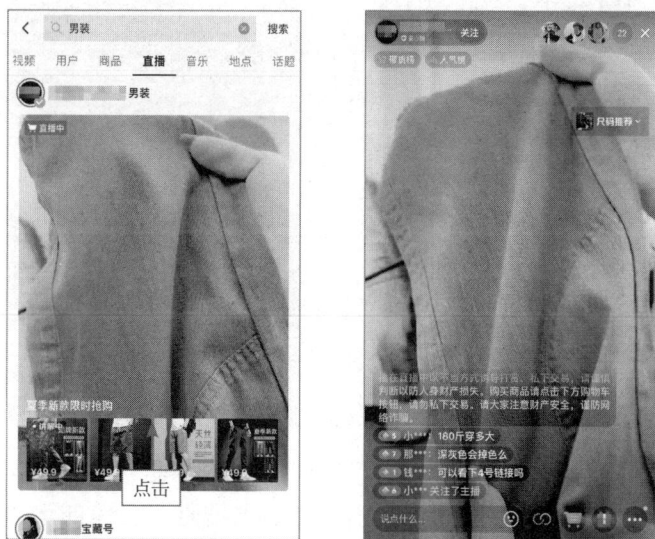

图8-14　点击直播画面所在的位置进入对应的直播界面

通常来说，在直播搜索分类界面中会根据账号标题、直播中是否包含与搜索词相关的商品、直播的热度来对内容进行展示。如果某个直播的开播账号的名称中包含了搜索词，直播中正在销售与搜索词相关的商品，并且还有很多人观看直播，那么该直播很可能会出现在直播搜索分类界面的前列。

（6）音乐搜索分类。在音乐搜索分类界面中会根据与搜索词的相关性、在抖音平台上的热度等因素展示音乐。对于做兴趣电商的运营者来说，在创作内容时只需选择合适的音乐即可，没必要太过纠结音乐名称与内容的一致性。当然，有的用户可能会通过音乐名称搜索内容，对此，运营者可以通过在作品中添加热门音乐的方式来增加作品的曝光量。

（7）地点搜索分类。在地点搜索分类界面中会根据搜索词展示附近的相关店铺，通常来说，店铺名称中包含了搜索词，并且店铺距离搜索的用户越近，则店铺越容易排在该界面的前列。另外，如果用户点击地点搜索分类界面中店铺信息的所在位置，还可以在弹出的对话框中查看店铺的营业时间、地址、与搜索用户的距离、联系方式等详情信息，如图 8-15 所示。

图 8-15　点击店铺信息的所在位置查看详情信息

对于运营了线下实体店的商家来说，通过地点搜索分类界面曝光店铺非常重要，不仅可以让更多附近的用户了解店铺，还可以起到引导用户到店消费的作用。当然，商家要想让自己的店铺出现在地点搜索分类界面中，必须做好一件事，那就是认领 POI（Point of Interest，兴趣点）地址（需要注册一个蓝 V

抖音账号，并提交店铺的运营信息）。

成功认领 POI 之后，不仅商家的店铺有可能会出现在抖音平台的地点搜索分类界面中，而且在运营者本人或者其他人发布作品时，还可以添加 POI 地址链接，引导用户到店进行消费。

图 8-16 所示的短视频中便添加了 POI 地址链接，用户点击该地址链接，可以查看店铺的详情信息。有需求的用户甚至还可以使用地图功能进行导航，前往店铺进行消费。

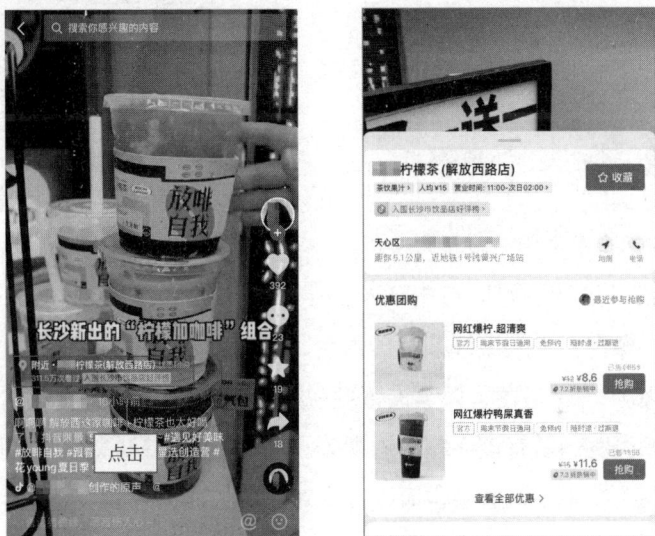

图 8-16　点击 POI 地址链接查看店铺的详情信息

（8）话题搜索分类。在话题搜索分类界面中会根据与搜索词的相关性、包含的短视频的播放量展示话题，而且话题与搜索词的相关性优先。也就是说，即便某个话题包含的短视频的播放量并不高，但是只要该话题和用户的搜索词是完全一致的，那么该话题便会优先展示在话题搜索分类界面中。

如果用户点击某个话题的相关信息，如图 8-17 所示，即可进入该话题的展示界面，在该界面中会展示相关的短视频封面，点击某条短视频的封面，如图 8-18 所示。执行操作后，即可进入该短视频的播放界面，查看短视频的具体内容，如图 8-19 所示。有需要的用户甚至可以点击短视频中的购物车链接，购买运营者推荐的商品。

由此不难看出，只要在短视频中添加了相关话题，短视频内容和相关商品获得的流量也会有所增加。对此，运营者在发布带货短视频时，可以适当地多添加几个话题，这样自己发布的内容就有机会获得更多的搜索曝光量。

图 8-17　点击某个话题的相关信息

图 8-18　点击某条短视频的封面

　　具体来说，运营者可以点击话题展示界面中的"立即参与"按钮，并根据系统提示进行操作，进入短视频发布界面。此时，在界面中会自动出现对应的话题，如图 8-20 所示。运营者只需设置短视频发布界面中的相关信息，并点击"发布"按钮，即可发布带有该话题的短视频。当然，在短视频发布界面中也会出现一些带有话题的按钮，运营者也可以点击对应的按钮，将相关话题添加到短视频标题中。

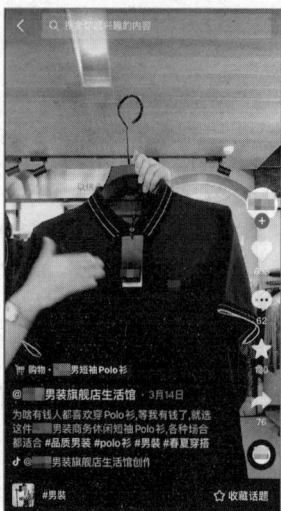

图 8-19　进入短视频的播放界面

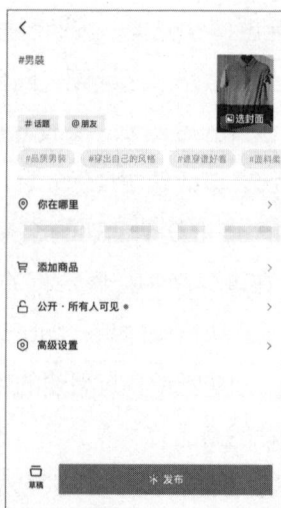

图 8-20　在短视频发布界面中自动出现对应的话题

2. 搜索筛选条件

在抖音的综合搜索分类界面、视频搜索分类界面、商品搜索分类界面中，用户都是可以通过条件的设置来筛选内容和商品的。以商品搜索分类界面为例，该界面的搜索筛选方式主要有三种，即排序条件筛选、商品属性筛选和综合信息筛选。

（1）排序条件筛选。用户通过排序条件筛选，可以分别按照综合信息、价格（点击商品搜索分类界面中的"综合"按钮，即可在弹出的对话框中选择按价格从高到低或从低到高的顺序对商品进行排列）、销量、是否正在进行直播展示对商品进行排序。

例如，用户点击商品搜索分类界面中的"销量"按钮，系统便会根据销量从高到低的顺序对与搜索词相关的商品进行展示，如图 8-21 所示。

图 8-21　根据销量从高到低的顺序对商品进行展示

商家可以通过采取薄利多销的方式销售商品，将商品添加到直播购物车中，并提高直播的频率。这样，当用户按照价格从低到高的方式或者选取直播展示中的商品进行筛选排序时，你的商品可能会获得更多的曝光量和销量。而随着商品销量的增加，当用户按照综合信息和销量进行排序时，你的商品也会更容易被用户看到。这样一来，就形成了一个良性循环，你的商品获得的曝光量和销量会变得越来越多。

（2）商品属性筛选。在商品搜索分类界面中，用户可以根据风格、适用季节、版型和适用对象等属性对商品进行筛选。用户选择的属性越多，搜索的结果就越精准。

以根据风格对商品进行筛选为例，用户只需点击商品搜索分类界面中的"风格"按钮，如图 8-22 所示。❶选择风格选项，如"时尚"；❷点击"查看最新结果"按钮，如图 8-23 所示，即可查看对应风格的商品，如图 8-24 所示。

图 8-22　点击"风格"按钮

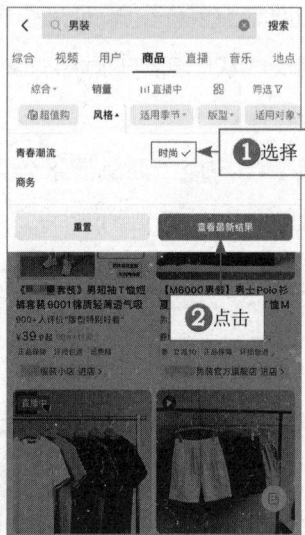

图 8-23　点击"查看最新结果"按钮

图 8-24　查看对应风格的商品

商家可以通过将商品属性信息添加至标题、图片中，增加商品属性信息的曝光量。这样当用户搜索相关属性词汇时，你的商品会更容易被用户看到。

（3）综合信息筛选。用户点击商品搜索分类界面中的"筛选"按钮，会弹出一个面板，在该面板中会展示商品的服务与折扣、价格、发货地和商品属性等综合筛选信息，如图 8-25 所示。用户可以在该面板中同时选择多个选项，并点击"查看最新结果"按钮，按照多个条件对商品进行综合筛选。

图 8-25 弹出综合信息筛选面板

商家可以通过一些方式来提高商品在综合信息筛选界面中的曝光量，比如可以为消费者免费提供运费险、提供 7 天无理由退货服务，这样用户在根据相关服务进行筛选时，你的商品就有可能出现在搜索结果中。

8.5 优质标题关键词布局

关键词是英文 Keywords 的翻译，指的是用户在搜索时输入的能够表达用户个体需求的词汇。关键词在抖音平台上起到用户索引和匹配内容的作用。系统通过搜索识别内容和商品的标题，将标题拆分成词根，进行检索匹配。图 8-26 所示为关键词的排序规则。

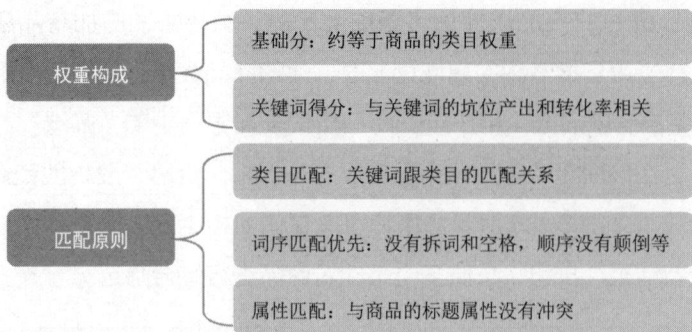

图 8-26　关键词的排序规则

关键词匹配的四大逻辑如图 8-27 所示。运营者在设置标题的关键词时，要注意采用热词优先的基本原则，即根据后台的数据，将热搜词和热搜词的下拉词作为标题。同时运营者在设置标题时还需要注意设置合理的词序。

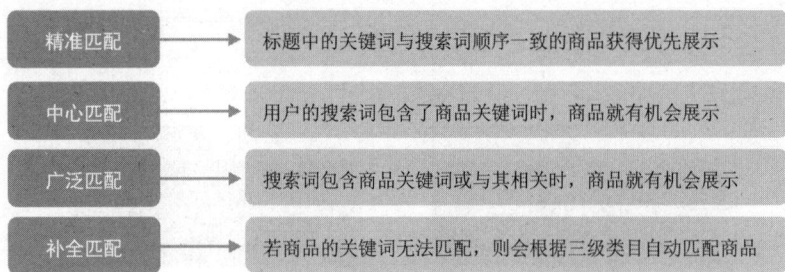

图 8-27　关键词匹配的四大逻辑

从关键词的属性来看，可以分为物理属性关键词和抽象属性关键词。

（1）物理属性关键词：从商品的图片上即可看出来的关键词。例如，"西装短裤""宽松""高腰"这些词都属于物理属性关键词，如图 8-28 所示。

（2）抽象属性关键词：是指概念和人群需求比较模糊，难以界定属性的商品关键词。图 8-29 所示商品标题中的"头层牛皮""百搭""2022 年夏季新款"等关键词并不能根据图片很好地进行判断，因此这些关键词就是抽象属性关键词。

用户在抖音平台上搜索某个商品关键词时，在众多的商品中系统有一个搜索排名规则，搜索排名越靠前，在展现页面的位置也会越靠前。其中，这个搜索排名就是靠关键词权重来衡量的。自然搜索流量可以为店铺带来精准的访客，提升店铺的转化率和销量。

图 8-28　物理属性关键词示例　　图 8-29　抽象属性关键词示例

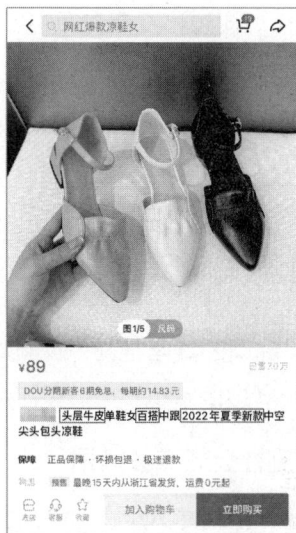

关键词的选择精髓在于两个字——"加减"，运营者需要不断地通过数据的反馈来加关键词或者减关键词。选择关键词的相关技巧如下。

（1）关键词的数量足够多。在商品标题中，精准关键词的数量越多，获得的曝光量自然会越大。

（2）关键词的搜索热度高。搜索热度是指关键词搜索次数，数值越大，代表搜索次数越多。搜索热度低的关键词说明其搜索人气也非常低，搜索该关键词的用户群体自然也会很少，从而影响关键词的整体曝光量。

（3）选取的关键词要足够精准。如果运营者选择的关键词与商品属性相差比较大，或者毫无关系，则也会影响商品的整体曝光量。

8.6　优化关键词的技巧

虽然通过关键词的优化，提高抖音账号、内容和商品搜索排名的方法有很多，但是能起到显著效果的优化方法却很少。下面笔者介绍几种能够有效提升抖音账号、内容和商品搜索排名的方法，具体如下。

（1）短视频、直播和商品标题中多次使用关键词。

（2）短视频、直播和商品标题的第一句出现关键词。

（3）自然地出现关键词，不能刻意为之。

（4）在短视频和直播封面中加入关键词。

（5）在短视频和直播标题中添加话题。

（6）围绕内容选择关键词或根据关键词打造内容，让关键词与内容保持密切的联系。

8.7 预测关键词的方法

许多关键词的搜索热度都会随着时间的变化呈现出升降趋势，因此学会关键词的预测方法相当重要。下面笔者从两个方面介绍如何预测关键词。

1. 预测社会热点关键词

社会热点新闻是人们关注的重点。当社会新闻出现后，会出现一大波新的关键词，其中搜索量高的关键词就叫热点关键词。

因此，运营者不仅要关注社会新闻，还要能够预测社会热点，抢占时间，预测出社会热点关键词。下面笔者介绍一些预测社会热点关键词的方向，给大家提供一些参考，如图 8-30 所示。

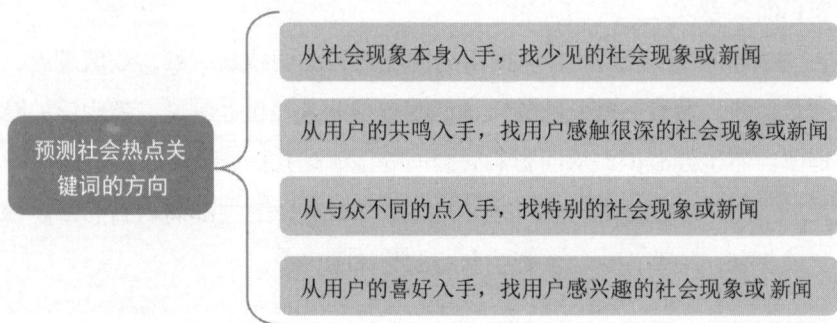

图 8-30　预测社会热点关键词的方向

2. 预测季节性关键词

关键词的季节性波动比较稳定，主要体现在季节和节日两个方面。如服装的季节关键词会包含四季名称，即夏季、秋季等，如图 8-31 所示。节日关键词会包含节日名称，如春节服装。

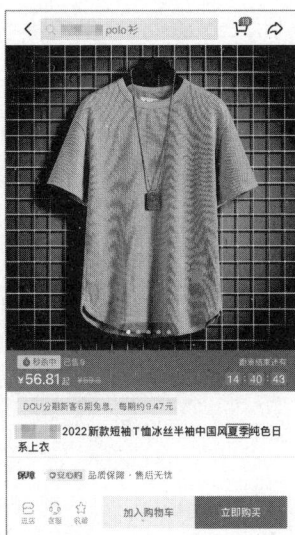

图 8-31 季节性的关键词

　　季节性的关键词预测还是比较容易的。运营者除了可以从季节和节日名称上进行预测外，还可以从以下方面进行预测，如图 8-32 所示。

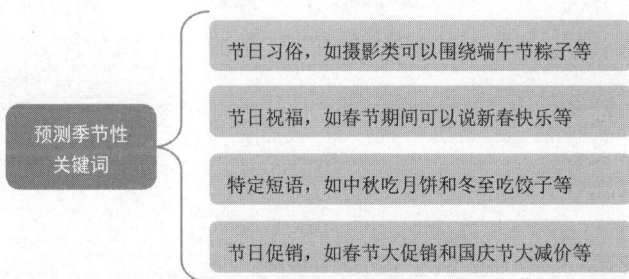

预测季节性关键词

节日习俗，如摄影类可以围绕端午节粽子等

节日祝福，如春节期间可以说新春快乐等

特定短语，如中秋吃月饼和冬至吃饺子等

节日促销，如春节大促销和国庆节大减价等

图 8-32　预测季节性关键词

第 **9** 章

店铺运营提供
良好体验

本章中的店铺主要是指在抖音平台上开设的店铺，简称"抖店"。在抖店的运营过程中，运营者可以通过各种方法对店铺、商品进行管理，并借助平台的优惠促销功能和营销工具刺激用户消费，为用户提供一个良好的购物体验。

9.1 做好店铺的管理工作

运营者如果想要在抖音上开店卖商品，开通抖店是一条捷径，即使是零粉丝也可以轻松入驻开店。入驻成功之后，运营者需要了解店铺的相关管理工作，提高自身的工作效率。下面笔者就来为大家介绍抖店管理的一些相关工作。

1. 抖店的入驻方法

要进行抖店管理，先得注册一个抖店。对此，运营者可以进入抖店官方网站的"首页"页面，通过选择手机号码注册、抖音入驻、头条入驻和火山入驻等多种方法入驻抖店，如图 9-1 所示。选择某种入驻方式并输入相关信息之后，即可登录抖店平台。

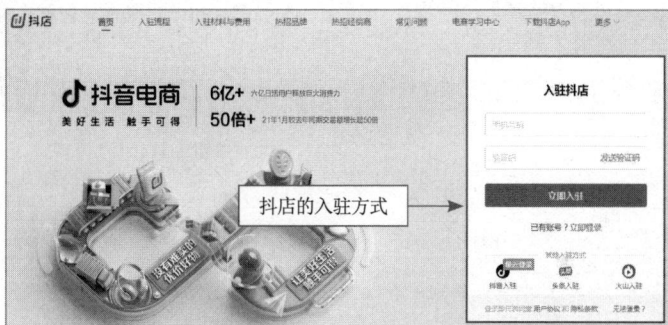

图 9-1　抖店官方网站的"首页"页面

登录抖店平台之后，会自动跳转至"请选择主体类型"页面，如图 9-2 所示。运营者需要单击对应主体类型下方的"立即入驻"按钮，选择合适的主体类型，然后填写相关信息，进行资质审核和账户验证，并缴纳保证金，即可完成抖店的入驻。

图 9-2　"请选择主体类型"页面

2. 认证官方账号

商家可以将抖音账号绑定为店铺官方账号，这不仅是对抖音账号进行授权，还能实现店铺与抖音账号信息的共享。那么，商家如何将抖音账号绑定为店铺官方账号呢？下面笔者就来讲解具体的操作步骤。

▶▶ 步骤1 进入抖店平台，❶依次单击左侧菜单栏中的"店铺"按钮和"店铺官方账号"按钮，进入"店铺官方账号"页面；❷单击页面中的"立即绑定"按钮，如图9-3所示。

图9-3 单击"立即绑定"按钮

▶▶ 步骤2 执行操作后，进入"抖音号绑定"页面，在页面中会出现一个二维码，如图9-4所示，商家需要登录抖音账号并扫描该二维码。

图9-4 "抖音号绑定"页面

▶▶ 步骤3　扫码成功后，在"抖音号绑定"页面中会出现抖音账号的相关信息，单击页面下方的"确认绑定"按钮，如图 9-5 所示，即可将抖音账号绑定为店铺官方账号。

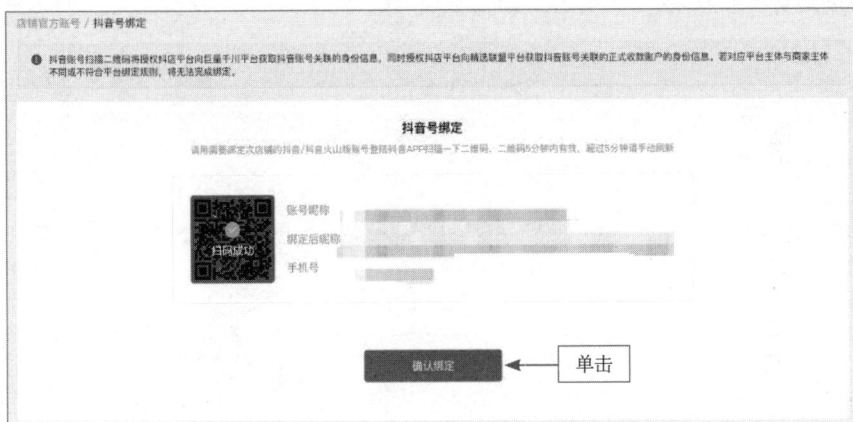

图 9-5　单击"确认绑定"按钮

完成抖店官方账号绑定之后，对应的抖音账号主页中会显示相关的认证信息，如图 9-6 所示。

图 9-6　抖音账号主页中显示官方账号的认证信息

3. 完善客服服务

在为用户提供售后服务的过程中，客服服务的质量无疑是非常重要的，只有提高客服服务的质量，才能提高用户的满意率，从而在促进店铺成交的同时，增加用户的复购率。

抖店的客服包括人工客服和机器人客服两类，相比于机器人客服，人工客服会更有温度，并且往往更能提供用户需要的服务。在通过人工客服与用户沟通时，客服人员可以通过一些技巧增加用户的购物欲望。

例如，客服人员可以通过向用户发送优惠券，让用户更愿意在店铺中消费。具体来说，客服人员可以进入飞鸽客户端的聊天页面，❶单击输入框中的▦图标，弹出"店铺优惠券"对话框；❷单击"店铺优惠券"对话框中的"前往商家后台创建更多优惠券＞"按钮，如图9-7所示。

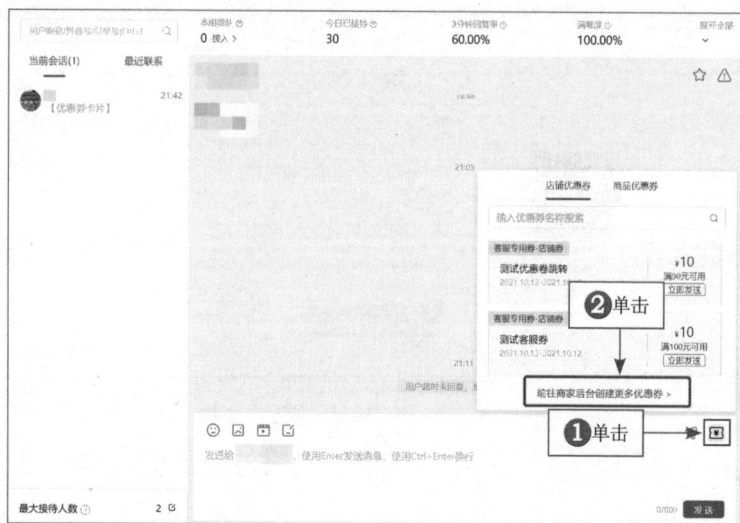

图 9-7　单击"前往商家后台创建更多优惠券＞"按钮

执行操作后，进入抖店后台的"新建客服专享券"页面，在此即可创建客服专享券。然后再次返回飞鸽客户端的聊天页面，此时单击输入框中的▦图标，即可在弹出的对话框中看到刚刚新建的客服专享券，单击该客服专享券中的"立即发送"按钮，即可将其发送给用户。

抖店还提供了飞鸽机器人客服，运营者可以使用该功能更好地为用户服务。与人工客服相比，飞鸽机器人客服具有自动提供服务、随时提供服务、同时服务多位用户和无须花费成本等优势。运营者可以进入抖店后台的"首页"页面，单击▦图标，如图9-8所示。

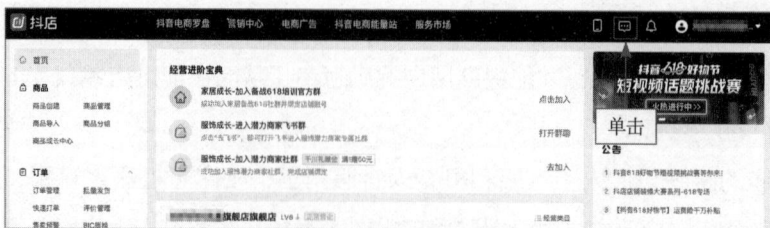

图 9-8　单击▦图标

执行操作后，进入飞鸽后台，❶依次单击导航栏中的"机器人设置"按钮和"基础设置"按钮进入其页面；❷在右侧窗口中开启"开通机器人"功能，并完成页面中的配置任务，即可开使用机器人客服接待用户，如图9-9所示。

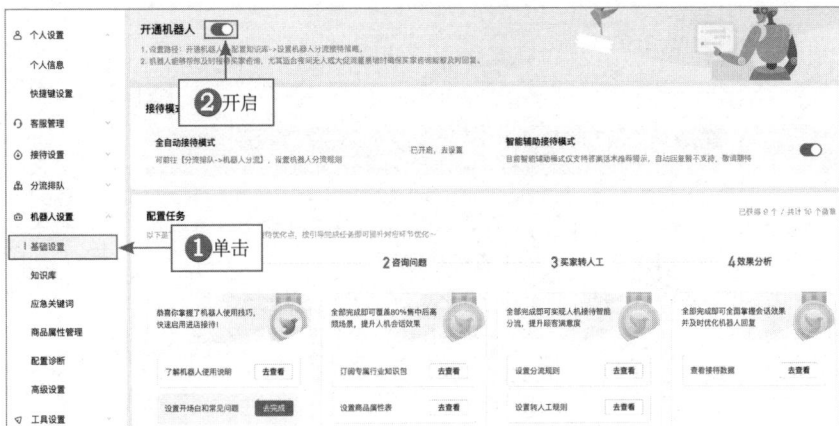

图9-9　开启"开通机器人"功能

4. 管理店铺订单

用户通过抖音平台购买抖店中的商品之后，运营者需要根据订单及时给用户发货，这既是在履约，也是增加店铺复购率必须做好的一件事。为了做好店铺订单管理，提高发货的效率，运营者需要掌握一些订单管理的技巧。

其中，订单发货管理就是根据抖店的订单进行有序发货。抖店推出了"批量发货"功能，能够帮助运营者提高发货的效率。具体来说，运营者可以进入抖店后台，依次单击导航栏中的"订单"按钮和"批量发货"按钮，进入"批量发货"页面，❶单击页面中的"下载模板"按钮，根据模板编辑订单信息；❷单击"立即上传"按钮，如图9-10所示，上传编写好的订单信息。

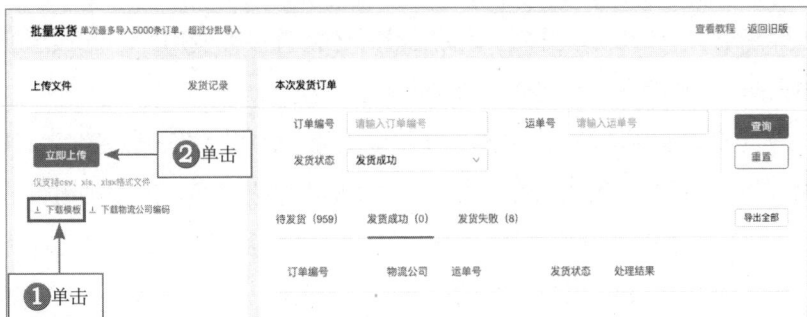

图9-10　单击"立即上传"按钮

执行操作后，在页面左侧会显示上传的文件，同时在页面右侧的"待发货"选项卡中会出现相关的订单信息。❶选中相应订单前方的复选框；❷单击页面下方的"批量发货"按钮即可，如图 9-11 所示。

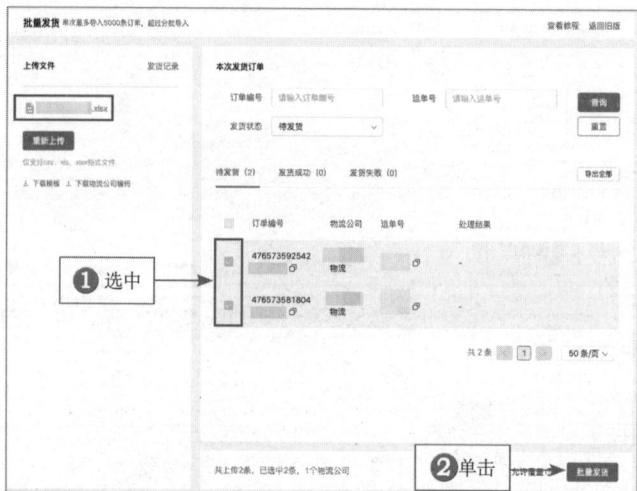

图 9-11 单击"批量发货"按钮

9.2 通过商品运营带货出单

对于抖店的运营工作来说，商品运营是带货出单的重中之重，它包括选品、定价、上货等多个环节。虽然很多运营者都知道抖店商品运营的重要性，但仍然有很多人会在商品运营的环节上遇到各种问题。下面笔者将介绍商品运营的相关技巧，包括掌握选品技巧、商品上架管理、优化商品信息和打造商品卖点等内容。

1. 掌握选品技巧

在抖音平台上带货，选择的商品质量好坏会直接影响用户的购买意愿。运营者可以从以下几个方面来选择带货的商品。

（1）选择高质量的商品。在抖店中不能出现"假货""三无商品"，否则会受到平台的严厉惩罚。因此，运营者一定要本着对消费者负责的原则进行选品。

用户在运营者的店铺里下单，必然是因为信任运营者。运营者选择优质的商品，既能加深用户的信任感，又能提高商品的复购率。具体来说，运营者在商品的选择上可以从以下几点出发，如图 9-12 所示。

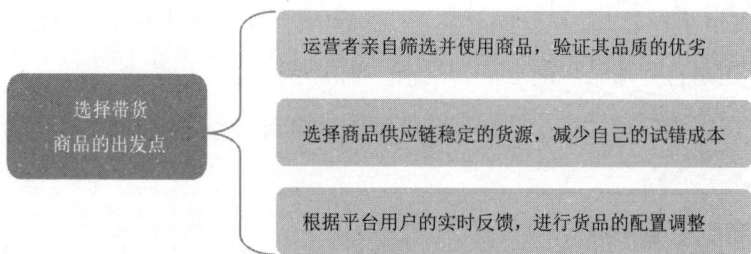

图 9-12　选择带货商品的出发点

（2）选择与人设定位相匹配的商品。在商品的选择上，首先要选择符合自身人设的品牌。例如，作为一个"吃货"，运营者选择的商品一定是美食；作为一个健身博主，运营者选择的商品可以是运动服饰、健身器材或者代餐商品等；作为一个美妆博主，运营者选择的商品一定是美妆品牌。

其次，运营者选择的商品要符合人设的性格。例如，某明星要进行直播带货，这个明星的人设是"天真烂漫，活泼可爱"，那么她所带货的商品，品牌调性可以是有活力、明快、个性、时尚或者新潮等风格的商品。

（3）选择一组可配套使用的商品。运营者可以选择一些能够搭配销售的商品，进行"组合套装"出售；还可以利用"打折""赠品"等方式，吸引用户观看直播并下单。

用户在抖音平台上购买商品的时候，通常会对同类商品进行对比。如果运营者单纯利用降价或者低价的方式，则可能会让用户对这些低价商品的质量产生疑虑。

如果运营者利用搭配销售商品的优惠方式，或者赠品的方式，既不会让用户对商品品质产生怀疑，也能在同类商品中体现出一定的性价比，从而让用户内心产生"买到就是赚到"的想法。

例如，在服装商品的直播间中，运营者可以选择一组已搭配好的衣服和裤子进行组合销售，既可以让用户在观看直播时因为觉得搭配好看而下单，还能让用户省去自己搭配服饰的烦恼。对于不会穿搭的用户来说，这种服装搭配的销售方式既省时又省心，吸引力相对来说会更高。

（4）选择一组商品进行故事创作。运营者在筛选商品的同时，可以利用商品进行创意构思，加上场景化的故事，创作出有趣的带货脚本内容，让用户在观看直播的过程中产生好奇心，并进行购买。

故事的创作可以是某一类商品的巧妙利用，介绍这个商品并非平时所具有的功效，在原有的基础功能上进行创新，满足用户痛点（满足刚需）。另外，内容的创意构思也可以是多个商品之间的妙用，或者商品与商品之间的主题故事讲解等。

2. 商品上架管理

运营者选到合适的商品后，即可将商品上架到抖店中，这样用户才能在抖音平台上看到并购买你的商品。下面介绍在抖店平台中上架商品的具体操作方法。

▶▷ 步骤1 进入抖店后台的"首页"页面，依次单击导航栏中的"商品"按钮和"商品创建"按钮，如图9-13所示。

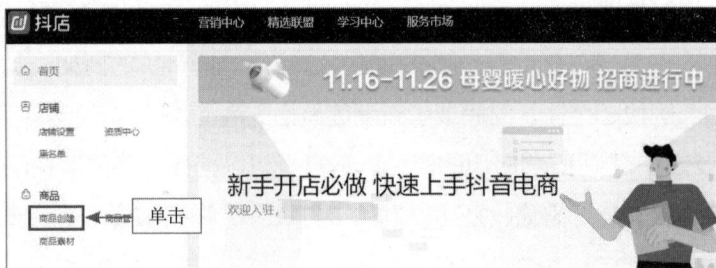

图9-13 单击"商品创建"按钮

▶▷ 步骤2 执行操作后，进入"商品创建"页面，在"选择商品类目"选项区中，❶根据商品类别选择合适的类目，❷单击"下一步"按钮，如图9-14所示。

图9-14 选择商品类目

▶▶ 步骤 3 执行操作后，进入"商品创建"页面的"基础信息"板块，如图 9-15 所示。在该板块中填写商品的相关信息，并单击"发布商品"按钮，即可提交商品的相关信息。接下来，运营者只需根据系统提示设置商品的图文内容、价格、库存、服务与履约的相关信息，便可以完成商品的创建。

图 9-15 "基础信息"板块

3. 优化商品信息

抖店中的商品信息包括主图、标题、详情页，用户在抖音平台上也能看到这些信息。其中，标题和主图是用户对商品的第一印象，运营者一定要反复琢磨如何优化商品信息更能吸引用户点进去查看。详情页则保持客观真实即可，尽量与实物描述一致，切勿夸大宣传。

运营者可以在抖店后台进入"商品成长中心"页面，查看系统自动对店铺中所有在售的商品进行问题评估的内容。运营者可以及时按照优化建议对商品进行优化，有助于规避商品的违规行为，提高商品的点击率及转化率等指标，进一步完善店铺的总体经营情况。

在商品列表中，单击相应商品右侧的"详情"按钮，可以查看该商品的全部待优化内容和优化建议，如图 9-16 所示。单击"立即优化"按钮，即可跳转至商品信息编辑页面，单击其中的输入框可在屏幕右侧查看修改提示和填写规则，如图 9-17 所示。运营者按照提示对商品进行优化后，单击"发布商品"按钮，审核通过后即可修改商品信息。

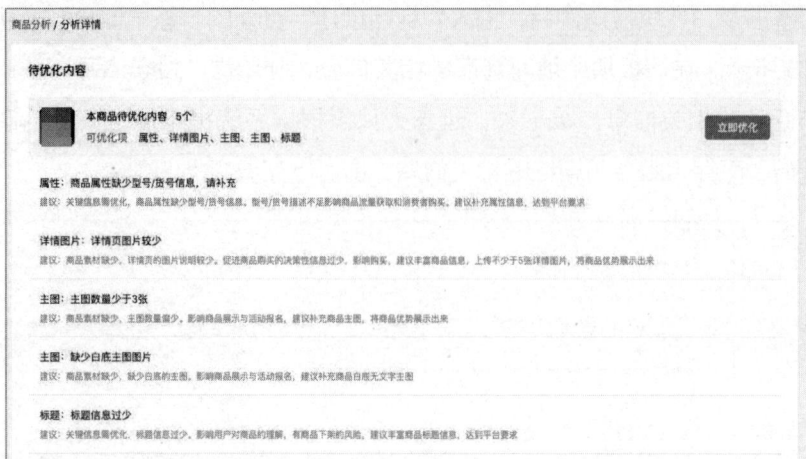

图 9-16　查看商品的全部待优化内容和优化建议

图 9-17　商品信息编辑页面

例如，优化商品标题的作用是为了让用户能搜索到并点击该标题，最终进入店铺产生成交。标题优化的目的是获得更高的搜索排名、更好的用户体验、更多的免费有效点击量。

在商品的标题文字中要能够体现出商品的品牌、属性、品名和规格等信息。运营者在创建商品时，还需要在商品标题下方填写商品的相关属性。好的商品标题可以给商品带来更大的曝光量，能够准确地切中目标用户，所以运营者一定要重视标题。

系统会根据商品标题为商品贴上各种标签，当用户在抖音平台上通过关键词搜索商品时，系统会匹配用户行为标签和商品标签优先推荐相关度高的商品。

运营者在做标题优化的时候，首要工作就是"找词"，即找各种热门关键词的数据，包括商品的款式、属性、价格以及卖点等，将这些设置标题时要用到的关键词都记下来。标题的基本编写公式如下：

标题＝商品价值关键词＋商品商业关键词＋商品属性关键词

另外，商品主图也是吸引用户点击的关键元素。运营者需要将主图中的营销信息有效传达给用户，让用户能够通过主图"秒懂"商品。

4. 打造商品卖点

运营者在抖音平台上带货时，需要深入分析商品的功能并提炼相关的卖点，然后亲自去使用和体验商品，并将商品卖点与用户痛点相结合，通过直播或短视频来展现商品的真实使用场景。打造商品卖点的四个常用渠道如图9-18所示。

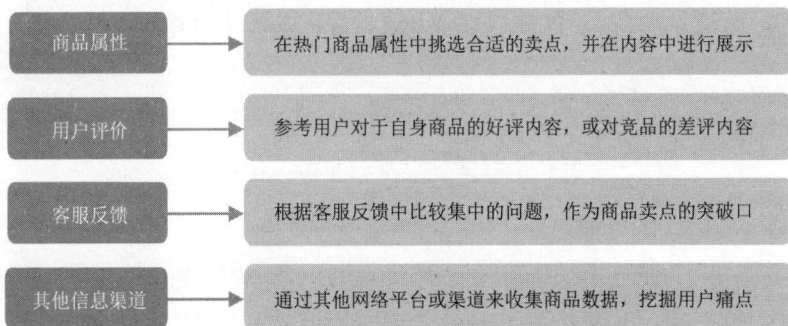

图9-18　打造商品卖点的四个常用渠道

运营者要想让自己的商品吸引用户的目光，就要知道用户想要的是什么。只有抓住用户的消费心理来提炼卖点，才能让商品更吸引用户并促使他们下单。

对于店铺装修来说，并不是要设计得很美观大气，而是要能够充分体现商品的核心卖点，从而解决用户的痛点，这样用户才有可能为你的商品驻足。例如，运营者卖的商品是收纳箱，收纳箱通常是用来装东西的，此时运营者即可体现出该商品"容量大"的特色。

运营者一定要记住，用户的痛点才是商品的卖点。图文、短视频或直播等带货内容中展示的商品信息如果与用户的实际需求相符合，能够表达出你的商品正是他想寻找的东西，那么点击率自然就会高。

9.3 优惠促销刺激用户下单

优惠券是抖音运营者最常用的营销工具，能够快速提升商品交易额，是运营者打造爆款的"不二法宝"。很多用户在抖音平台上购买商品时，都希望能够获得一些优惠。此时，运营者便可以使用各种优惠券来进行促销，让用户觉得商品的价格更划算。具体来说，运营者可以通过如下操作创建优惠券。

▶▶ 步骤 1   进入抖店后台，单击"首页"页面上方菜单栏中的"营销中心"按钮，如图 9-19 所示。

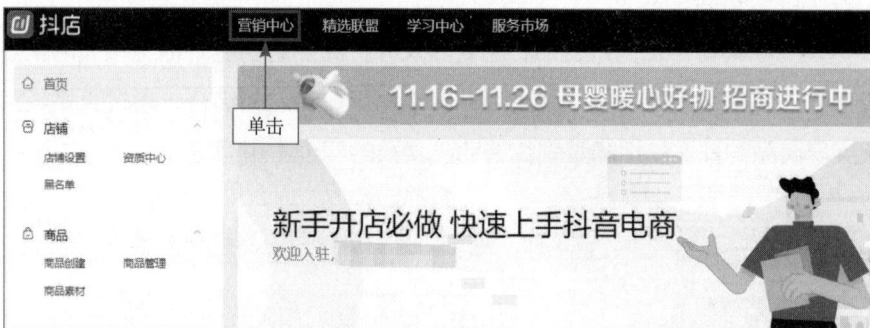

图 9-19   单击"营销中心"按钮

▶▶ 步骤 2   执行操作后，在"抖店 I 营销中心"页面中，❶单击左侧导航栏"营销工具"板块中的"优惠券"按钮，进入"新建优惠券"页面；❷单击对应优惠券（如"商品优惠券"）中的"立即新建"按钮，如图 9-20 所示。

图 9-20   单击"立即新建"按钮

▶▶ 步骤 3   执行操作后，进入"新建商品优惠券"页面，如图 9-21 所示。

根据要求在该页面中填写相关信息，单击页面下方的"提交"按钮，即可创建优惠券。

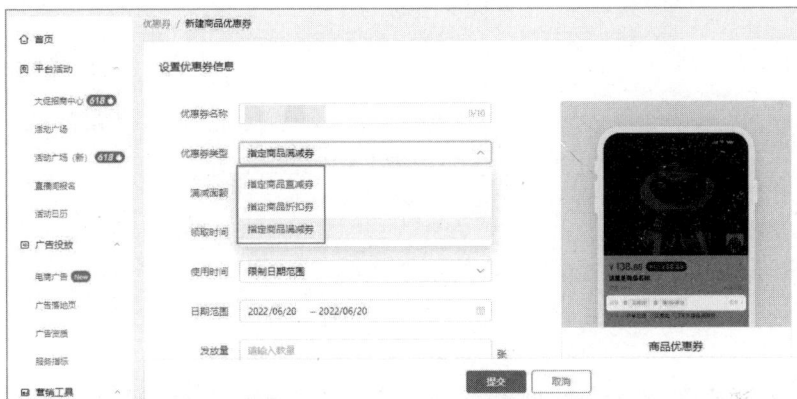

图 9-21　"新建商品优惠券"页面

9.4　营销工具提高商品转化率

在移动互联网时代，电商的营销不再是过去那种"抢夺流量"的方式，而是以粉丝为核心，所有运营者和商家都在积极打造忠诚的粉丝社群体系，这样才能让店铺走得更加长远。

在抖店的运营过程中，使用抖音电商平台提供的营销工具就是一种快速获得粉丝的方法，能够更好地为店铺引入流量，给商品和店铺带来更多的展示机会，并有效促进用户的下单转化。下面笔者就来为大家介绍几种常见营销工具的使用方法。

1. 限时限量购

抖音小店的限时限量购也称为"秒杀"，是一种通过对折扣促销的商品货量和销售时间进行限定，实现"饥饿营销"的目的，快速提升店铺人气的营销工具。用户需要在运营者设置的活动时间内对活动商品进行抢购，一旦超出活动时间或活动库存售罄，商品将立即恢复原价。下面笔者就来介绍设置限时限量购活动的操作方法。

▶▶ 步骤 1　进入抖店的营销中心后台，❶单击导航栏"营销工具"板块中的"限时限量购"按钮，进入对应页面；❷单击"立即创建"按钮，如图 9-22 所示。

图 9-22 单击"立即创建"按钮

▶▶ 步骤2 进入"新建活动"页面，在"设置基础规则"选项区中设置各项信息，如图 9-23 所示。其中，"活动类型"默认为"限时限量促销"；在"活动名称"文本框中可输入 1～5 个中文名称；"活动时间"可选择"按开始结束时间设置"（填写限时限量购活动的开始时间和结束时间）或"按时间段选择"（可选择活动生效后的持续时间）；"订单取消时间"是指用户提交订单后，如果一直未支付，订单自动取消的时间，建议设置为 5 分钟；在"是否预热"选项区中，选中"不预热"单选按钮后会在用户端的商品详情页中直接展示"距离结束"的活动倒计时，选中"预热"单选按钮后还需设置预热持续时间，同时商品详情页会展示"距离开抢"的活动倒计时。

图 9-23 设置基础规则

▶▶ 步骤3 执行操作后，滑动页面至"选择商品"板块，❶单击"添加商品"按钮，弹出"选择商品"窗口；❷选中该窗口中需要参加活动的商品前方的复选框；❸单击"选择"按钮，即可完成商品的选择，如图 9-24 所示。

图 9-24　选择商品

▶▶ 步骤4 执行操作后，在"选择商品"板块中会出现已添加商品的相关信息，❶设置商品的价格、活动库存和限购数量；❷单击"提交"按钮，如图 9-25 所示，即可完成限时限量购活动的创建。

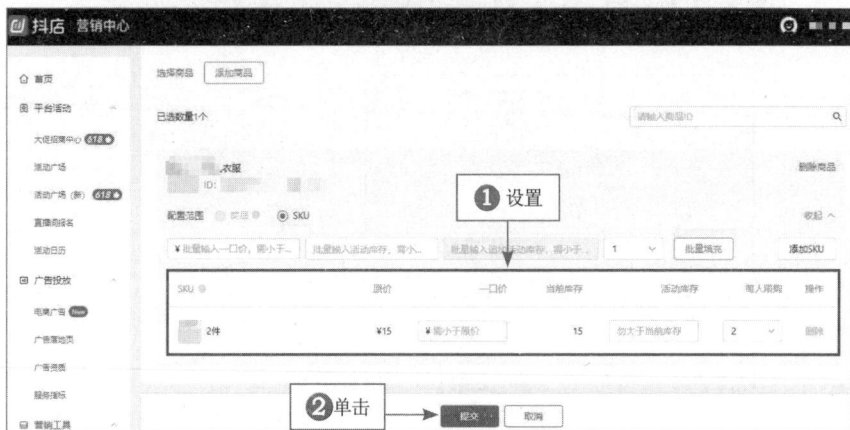

图 9-25　单击"提交"按钮

2. 满减活动

满减活动是指通过为指定商品设置"满额立减""满件立减""满件 N 折"的优惠形式，对用户的购买决策产生影响，从而提升客单价和用户转化效果。下面笔者就来介绍设置满减活动的操作方法。

▶▷ 步骤1 进入抖店的营销中心后台，❶单击导航栏"营销工具"板块中的"满减"按钮，进入对应页面；❷单击"立即新建"按钮，如图 9-26 所示。

图 9-26 单击"立即新建"按钮

▶▷ 步骤2 进入"新建活动"页面，在"设置基础规则"选项区中设置各选项，包括活动的类型、名称、时间、优惠设置以及是否允许叠加店铺券等，如图 9-27 所示。其中，"优惠设置"选项采用阶梯优惠的方式，默认只有一个层级，点击"增加规则"按钮，最多可添加五个层级，下一层级的满额或折扣要大于上一层级。

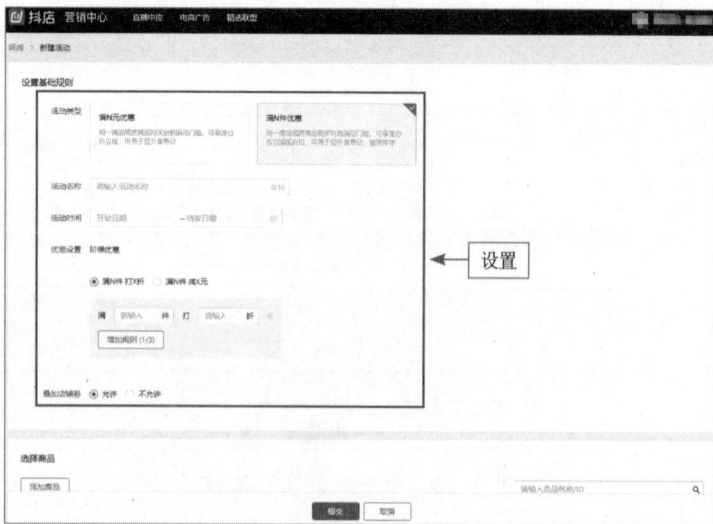

图 9-27 设置基础规则

▶▷ 步骤3 在"选择商品"选项区中单击"添加商品"按钮，可在店铺中添加参与活动的商品，上限为 100 件。单击"提交"按钮即可创建满减活动。
如果运营者想中途停止进行中的活动，则可以在"多件优惠"活动页面中，单击
相应活动商品右侧的"设为失效"按钮，如图 9-28 所示。

图 9-28　单击"设为失效"按钮

3. 定时开售

运营者在即将上架新品的时候，可以通过定时开售活动来为新品预热引流，
吸引用户预约和收藏新品，从而帮助运营者了解商品的热度和预估销量。下面笔
者就来介绍设置定时开售活动的操作方法。

▶▶ 步骤 1　进入抖店的营销中心后台，❶单击导航栏"营销工具"板块
中的"定时开售"按钮，进入对应页面；❷单击"添加商品"按钮，如图 9-29
所示。

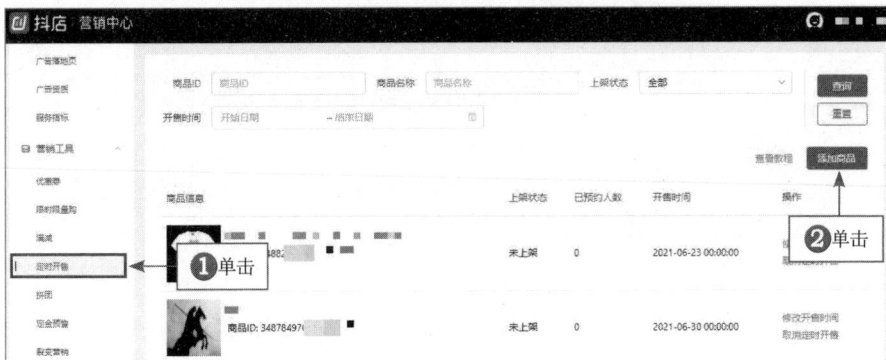

图 9-29　单击"添加商品"按钮

▶▶ 步骤2 执行操作后，弹出"添加商品"窗口，在此可以通过商品ID、商品名称或上架状态来查询商品，如图9-30所示。

图9-30 "添加商品"窗口

▶▶ 步骤3 选中相应商品前的复选框，单击页面最下方的"提交"按钮，即可添加活动商品。

对于运营者来说，开展定时开售活动，不仅可以通过用户的预约数据来了解商品热度，而且还可以营造出商品的稀缺感氛围，同时还能够通过平台的用户召回功能提升直播间或商品橱窗的流量。

4. 拼团活动

拼团活动是指用户在购买某个活动商品时，可以通过分享直播间的方式邀请其他用户一起购买，当商品总体售卖件数符合条件后即可成团，同时能够享受优惠价格。拼团活动的主要优势如图9-31所示。

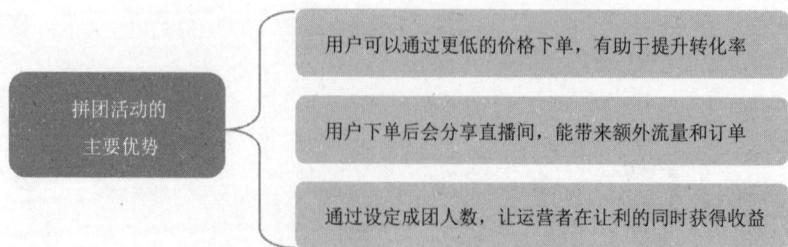

拼团活动的主要优势

用户可以通过更低的价格下单，有助于提升转化率

用户下单后会分享直播间，能带来额外流量和订单

通过设定成团人数，让运营者在让利的同时获得收益

图9-31 拼团活动的主要优势

下面笔者就来介绍设置拼团活动的操作方法。

▶▶ 步骤1　进入抖店的营销中心后台，❶单击"营销工具"板块中的"拼团"按钮，进入"拼团"页面；❷单击"立即创建"按钮，如图9-32所示。

图9-32　单击"立即创建"按钮

▶▶ 步骤2　进入"创建活动"页面，在此可以设置活动名称、活动时间、成团数量、是否开启自动成团以及订单取消时间等选项，如图9-33所示。其中，成团数量的设置范围为5～10 000，当拼团的用户达到该数量时，将会成团；选中"开启自动成团"复选框后，则拼团活动结束时未达到成团数量，也可以视为拼团成功；订单取消时间是指用户提交订单后如果一直没有付款，此时系统自动取消订单的时间，建议设置为5分钟。

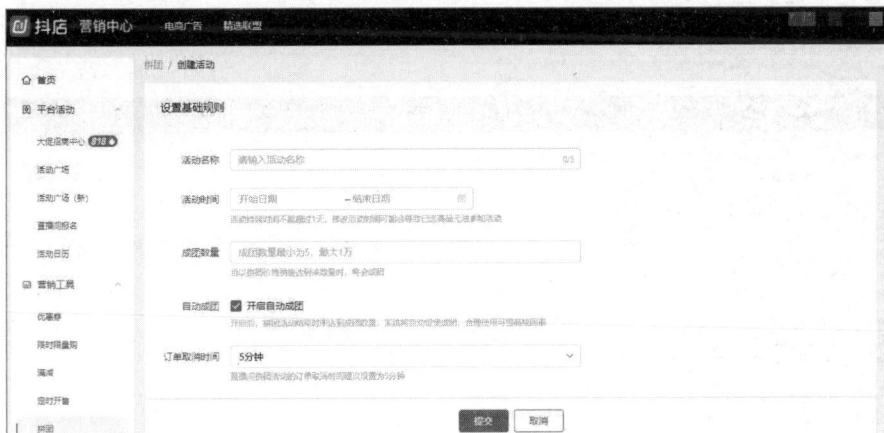

图9-33　"创建活动"页面

▶▶ 步骤3　在"创建活动"页面下方的"选择商品"选项区中，单击"添加商品"按钮，选择要参与活动的商品。同时，运营者还可以基于SKU（Stock

Keeping Unit，库存量单位）维度，来选择哪些 SKU 参加、哪些 SKU 不参加。设置完成后，单击"提交"按钮，即可创建拼团活动，如图 9-34 所示。

图 9-34　单击"提交"按钮

5. 定金预售

定金预售是指买家只需预付一部分定金便可预订商品，在约定时间内支付尾款即可完成交易。通过定金预售，运营者可以在商品正式开售之前就获得一批订单。下面笔者就来介绍设置定金预售的操作方法。

▶▶ 步骤1　进入抖店的营销中心后台，❶单击导航栏"营销工具"板块中的"定金预售"按钮，进入"定金预售"页面；❷单击"立即创建"按钮，如图 9-35 所示。

图 9-35　单击"立即创建"按钮

▶▶ 步骤2　执行操作后，进入"创建活动"页面的"基础规则"板块，如

图 9-36 所示。根据页面提示，填写该板块中的信息。

图 9-36 "基础规则"板块

▶▶ 步骤3 执行操作后，滑动页面至"选择商品"板块，❶单击板块中的"添加商品"按钮；在弹出的"选择商品"窗口中，❷选中对应商品前方的复选框；❸单击下方的"选择"按钮，如图 9-37 所示。

图 9-37 单击"选择"按钮

▶▶ 步骤4 执行操作后，返回"创建活动"页面，此时页面中会出现已选择的商品的相关信息。图 9-38 所示为已选商品的 SKU 选项卡，运营者只需对该选项卡中的信息进行设置，并单击页面下方的"提交"按钮，即可完成定金预售的设置。

图 9-38　已选商品的 SKU 选项卡

6. 拍卖活动

拍卖活动，即专门进行商品拍卖（出价高者得）的活动。如果运营者销售的是一些价值高的商品，或者孤品，那么便可以通过拍卖活动进行商品销售，提高商品的成交价。具体来说，运营者可以通过如下操作设置拍卖活动。

▶▶ 步骤 1　进入抖店的营销中心后台，❶单击导航栏"营销工具"板块中的"拍卖"按钮，进入"拍卖"页面；❷单击"立即创建"按钮，如图 9-39 所示。

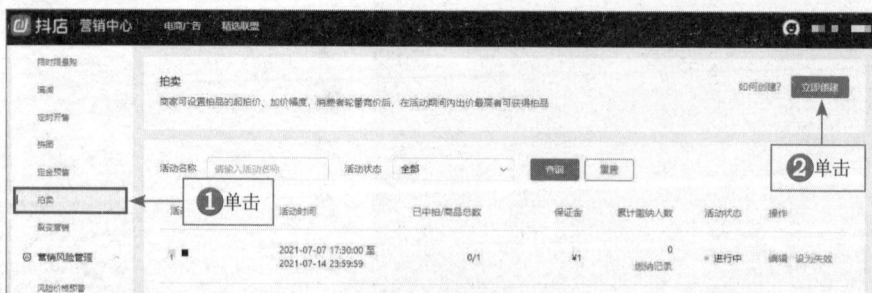

图 9-39　单击"立即创建"按钮

▶▶ 步骤 2　执行操作后，进入"创建活动"页面的"基础规则"板块，如图 9-40 所示，根据提示在该板块中填写相关信息。

▶▶ 步骤 3　执行操作后，滑动页面至"选择商品"板块，❶单击板块中的"添加商品"按钮，会弹出一个窗口；❷选中需要添加的商品前方的复选框；❸单击下方的"选择"按钮，如图 9-41 所示。

图 9-40 "基础规则"板块

图 9-41 单击"选择"按钮

▶▶ 步骤4 执行操作后，即可将商品设置成拍卖商品。此时，运营者只需在抖音直播中添加这些商品，便可以对商品进行拍卖。

7. 裂变营销

裂变营销是用来增加直播互动的一种新玩法，可以刺激用户分享直播间，为直播间带来更多流量。下面笔者就来介绍裂变营销的设置方法。

▶▶ 步骤1 进入抖店的营销中心后台，❶单击导航栏"营销工具"板块中的"裂变营销"按钮，进入"裂变营销"页面；❷单击"立即创建"按钮，如图 9-42 所示。

图 9-42　单击"立即创建"按钮

▶▶ 步骤2　执行操作后，进入"创建活动"页面的"设置基础规则"板块，如图 9-43 所示，根据系统提示填写该板块中的信息。

图 9-43　"设置基础规则"板块

▶▶ 步骤3　执行操作后，滑动页面至"选择合作达人"板块，如图 9-44 所示，在该板块中设置授权作者和达人账号。

▶▶ 步骤4　执行操作后，滑动页面至"设置优惠信息"板块，如图 9-45 所示。在该板块中设置分享者优惠和被分享者优惠的相关信息，并单击页面下方的"提交"按钮，便可完成裂变营销的设置。

图 9-44 "选择合作达人"板块

图 9-45 "设置优惠信息"板块

第 **10** 章
用户运营挖掘
长期价值

对于商家和运营者（带货达人）来说，要想获得更多的收益，就需要对用户进行运营，将陌生人变成你的忠实顾客或粉丝，从而让用户持续在你的店铺中购买商品或通过你购买商品，挖掘用户的长期价值。

10.1 做好账号的定位

抖音平台中的账号数不胜数，什么样的账号更容易打动用户呢？其中比较关键的一点在于通过精准的定位，将短视频内容有针对性地传达至目标用户的心中。那么，如何进行精准定位呢？笔者认为可以从五个方面进行定位，让你发布的内容更加精准，具体如下。

1. 行业定位

抖音"种草"的主要领域包括生活用品、护肤彩妆、零食特产、男装女装、母婴育儿、鞋帽箱包、玩具图书等，这几个领域的商品目前在抖音上卖得比较火，运营者可以根据兴趣爱好和优势选择自己想要垂直的领域。

抖音账号定位的核心秘诀：一个账号只专注一个行业（方向定位），不能今天发美食，明天发英语，后天发游戏。大家在布局抖音账号时，应重点布局三类抖音账号：行业号（奠定行业地位）、专家号（奠定专家地位）、企业号（奠定企业地位）。同时，运营者在制作视频内容的时候必须做好定位，否则，后续你会发现越更新越难、越更新越累，乃至没有内容更新。

做好账号行业定位之后，接着就是通过领域细分做深度内容了。为什么只更新深度内容？还是那句话：什么样的定位吸引什么样的目标人群。所以，我们有什么样的定位，直接决定了我们要更新什么样的内容，也决定了抖音账号的运营方向，以及我们最终该靠什么赚钱。

例如，化妆行业包含的内容比较多，这时候我们就可以通过领域细分从某个方面进行重点突破。号称"口红一哥"的某位运营者便通过对口红相关内容的分享，吸引了大量对口红感兴趣的人群。

又如，摄影包含的内容比较多，但现在越来越多的人开始直接用手机拍摄视频，而且这其中又有许多人对摄影构图比较感兴趣。因此，抖音账号"手机摄影构图大全"针对这一点专门深挖手机摄影构图，并据此进行行业定位。

2. 内容定位

抖音账号的内容定位就是确定账号的内容方向，并据此有针对性地生产内容并进行带货。通常来说，运营者在做内容定位时，只需结合账号定位确定需要发布的内容即可。例如，抖音账号"手机摄影构图大全"的账号定位是做一个手机摄影构图类账号，所以该账号发布的内容以手机摄影视频为主，为用户展示了许多与摄影构图相关的短视频，如图 10-1 所示。

图 10-1　抖音账号"手机摄影构图大全"发布的短视频

运营者确定了账号的内容方向之后，便可以根据该方向进行内容生产了。当然，在账号运营的过程中，生产内容也是有技巧的。具体来说，运营者在生产内容时，可以运用如图 10-2 所示的技巧，轻松打造持续性的优质带货内容。

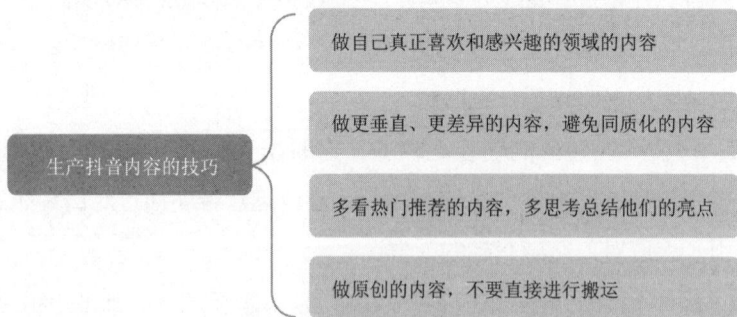

图 10-2　生产抖音内容的技巧

3. 商品定位

大部分运营者之所以要做短视频账号运营，就是希望能够借此转化获利。而商品销售又是比较重要的一种转化获利方式，因此，选择合适的转化获利商品进行商品定位就显得尤为重要了。

那么，运营者如何进行商品定位呢？在笔者看来，根据运营者自身的情况，可以将账号的商品定位分为两种：一种是根据自身拥有的商品进行定位；另一种是根据自身的业务范围进行定位。

根据自身拥有的商品进行定位很好理解，就是看自己有哪些商品是可以销售的，然后将这些商品作为销售的对象进行营销。例如，某位抖音账号运营者自身拥有多种水果的货源，于是他将账号定位为水果销售类账号。他不仅将账号命名为"×× 水果商行"，而且还通过视频重点对自己的水果进行了展示，并为用户提供了水果的购买链接，如图 10-3 所示。

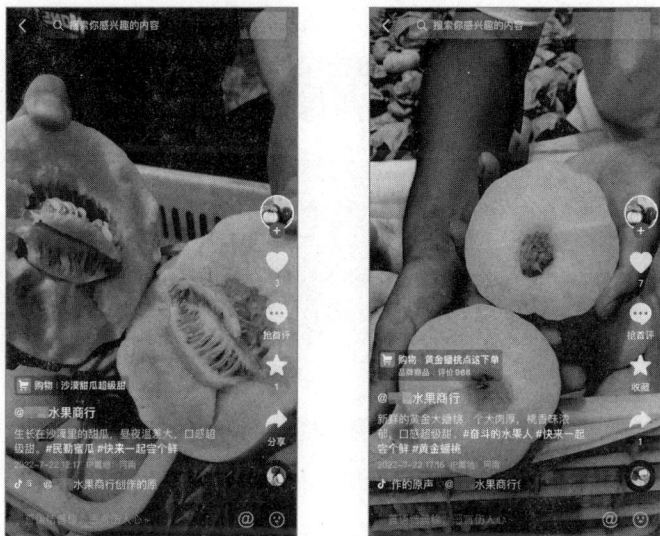

图 10-3　根据自身拥有的商品进行定位

根据自身的业务范围进行定位，就是在自身的业务范围内发布视频内容，然后根据内容插入对应的商品链接。这种定位方式比较适合自身没有商品的抖音账号运营者。这部分运营者只需根据短视频内容添加商品链接，便可以借助该商品的链接获取佣金收入。

例如，某位美食类抖音账号运营者本身是没有商品货源的，于是他通过在短视频中添加他人店铺中的商品链接来获取佣金收入。具体来说，该运营者在制作三明治的短视频中，就插入了某款三明治机的链接。

4. 人群定位

在抖音账号的运营过程中，运营者如果能够明确用户群体，做好用户定位，并针对目标用户群体进行营销，那么账号生产的内容将更具有针对性，而内容的带货能力也将变得更强。

在做人群定位时，运营者可以从性别、年龄和地域分布等方面分析目标用户，了解用户画像，并在此基础上更好地做出针对性的运营策略和精准营销。

当然，在了解用户画像时，我们可以适当借助一些分析软件。例如，我们可以通过如下步骤，在蝉妈妈平台中了解抖音账号的用户画像。

▶▶ 步骤1 进入蝉妈妈官方网站的默认页面，❶在搜索框中输入账号名称或关键词；❷单击 🔍 图标，如图 10-4 所示。

图 10-4　单击 🔍 图标

▶▶ 步骤2 执行操作后，弹出搜索结果对话框，单击对话框中对应账号所在的位置，如图 10-5 所示。

图 10-5　单击对应账号所在的位置

▶▶ 步骤3 执行操作后，进入对应账号的数据分析页面，单击左侧导航栏中的"粉丝分析"按钮，如图 10-6 所示，即可通过"粉丝分析"板块了解该账号的粉丝（包括粉丝团）变化情况。

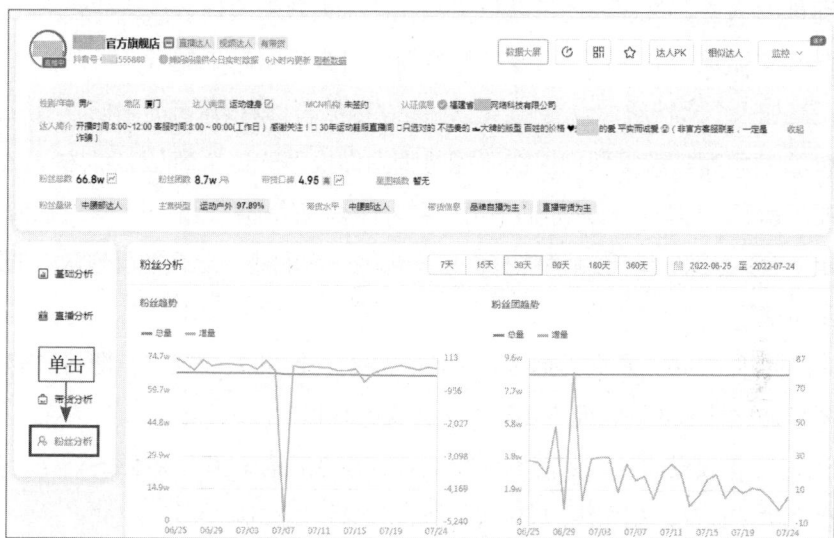

图 10-6　单击"粉丝分析"按钮

▶▶ 步骤 4　滚动鼠标滚轮，即可看到"粉丝画像"板块，在该板块中会展示"账号粉丝""视频观众""直播观众"的画像情况。图 10-7 所示为某抖音账号的"视频观众"画像情况。

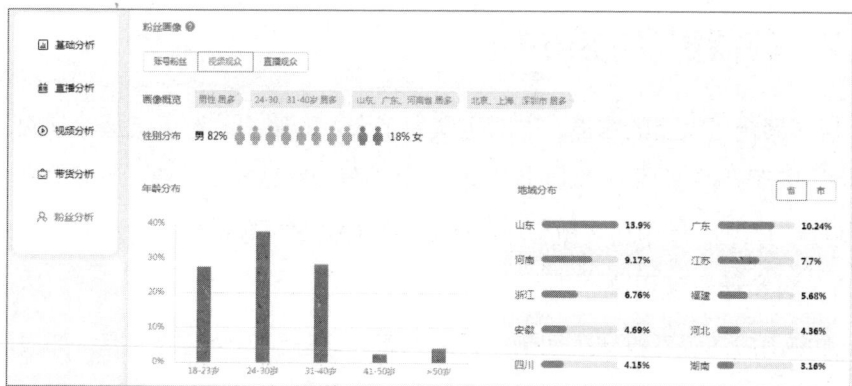

图 10-7　某抖音账号的"视频观众"画像情况

5. 人设定位

选择好领域后，运营者可以根据自己的性格特征来设计自己的人设。例如，你是一个三岁孩子的妈妈，平时喜欢分享一些专业的育儿常识，那么你就可以树立一个育儿专家的形象，向大家推荐你用过的母婴类商品。因为你会带娃的人设，所以那些妈妈们就会非常信任你，你推荐什么她们就会买什么。

可能有人说，直接模仿不就行了吗？什么火我就卖什么。这种思路在前期的时候确实能赚一笔快钱。但是，随着后期抖音玩家越来越多，只是一味地模仿，没有加入个人特质，也没有自己的商品定位，你就很难沉淀出核心用户。

什么意思呢？就是用户这次可能是因为你推荐的这个商品上了热门，她正好需要下单了。但是，打开你的主页一看，什么商品都有，像一个杂货铺似的，她肯定不会关注你。这也就意味着你只能赚她一次的钱，之后你再想赚她的钱基本上不可能了。

想要将你的商品多次卖给她，你就需要有自己的人设定位，把自己的"种草"号打造成精品店铺，而不要做什么都卖的杂货铺。

因为只有人设清晰，才能够吸引用户持续关注你；基于对你的信任，只要是这个品类的商品，如果用户有需要，看到之后就会下单购买。

现在大家知道人设定位的重要性了吧？如果不知道该怎么玩，那么你只能在前期先跟风模仿，等找到感觉后，再重新设计自己的人设。

总之，大家一定要活学活用，要先去做，在做的过程中不断学习和调整，不要被眼前的问题局限，很多问题做着做着就解决了。

10.2　获得更多的用户

抖音聚合了大量的信息，同时也聚集了大量的用户。对于运营者来说，通过抖音引流获得更多用户，让用户购买自己推荐的商品才是关键。下面笔者就来讲解抖音引流的一些方法，帮助运营者快速获得大量的精准用户。

1. 抖音评论区引流

许多用户在观看抖音短视频时，会习惯性地查看评论区的内容。如果用户觉得视频内容比较有趣，则还可以通过 @ 抖音账号的方式，吸引其他用户前来观看该短视频。因此，如果运营者的评论区利用得当，便可以起到不错的引流效果。

在抖音视频文案中能够呈现的内容相对有限，因此有可能出现一种情况，那就是有的内容需要进行一些补充。此时，运营者便可以通过评论区的自我评论来进一步表达。另外，在短视频刚发布时，可能看到视频的用户不是很多，也不会有太多用户评论。如果此时运营者进行自我评论，则也能起到增加视频评论量的作用。

除了自我评论补充信息外，运营者还可以通过回复评论解决用户的疑问、引导用户的情绪，从而提高商品的销量。

回复抖音评论看似是一件再简单不过的事，实则不然。为什么这么说呢？主要是因为在进行抖音评论引流时还有一些需要注意的事项，具体如下。

（1）第一时间回复评论。运营者应该尽可能地在第一时间回复用户的评论。这样做主要有两方面的好处：一是快速回复能够让用户感觉到你对他（她）很重视，这样自然能增加用户对你和你的抖音账号的好感；二是回复评论能够在一定程度上增加短视频的热度，让更多用户看到你的短视频。

那么，如何做到第一时间回复评论呢？其中一种比较简单、有效的方法就是在短视频发布的一段时间内，及时查看用户的评论。一旦发现有新的评论，便在第一时间进行回复。

（2）不要重复回复评论。对于相似的问题或者同一个问题，运营者最好不要重复进行回复。这样做主要有两方面的原因：一是运营者回复的内容中或多或少会有一些营销的痕迹，如果重复回复，那么整个评论区中便会看到很多有广告痕迹的内容，而这些内容往往会让用户产生反感情绪；二是相似的问题，点赞量相对较高的评论会排到评论区的靠前位置，运营者只需对这些评论进行回复，其他有相似问题的用户自然就能看到，而且还能减少回复的工作量，节省大量的时间。

（3）注意规避敏感词汇。对于一些敏感的问题和词汇，运营者在回复评论时一定要尽可能地规避。

2. 账号互推引流

互推就是互相推广的意思。大多数抖音账号在运营过程中都会获得一些粉丝，只是对于许多运营者来说，获得的粉丝量可能并不是很多。此时，运营者便可以通过与其他抖音账号进行互推，让更多用户看到你的抖音账号，从而提高抖音账号的传播范围，让抖音账号获得更多的流量。

在抖音平台中，互推的方法有很多，其中比较直接、有效的一种互推方法就是在视频文案中互相@，让用户看到相关视频之后，就能看到互推的账号。

例如，在抖音平台中有两个账号经常互相@，再加上其中一个抖音账号是由另一个抖音账号运营者的父亲运营的，因此，这两个账号之间具有很强的信任度，互推的频率也很容易把握，通常能获得不错的互推效果。

3. 分享转发引流

抖音提供了分享转发功能，运营者可以借助该功能，将抖音短视频分享至对应的平台，从而达到引流的目的。那么，如何借助抖音的分享转发功能引流呢？接下来笔者就对具体的操作步骤进行说明。

▶▷ 步骤1 登录抖音 App，进入需要转发的短视频的播放界面，点击 ●●● 图标，如图 10-8 所示。

▶▷ 步骤2 执行操作后，弹出"分享给朋友"对话框。在该对话框中，运营者可以选择短视频分享的平台。以将短视频分享给微信好友为例，此时运营者需要做的就是点击对话框中的"微信"按钮，如图 10-9 所示。

图 10-8　点击 ●●● 图标　　　　图 10-9　点击"微信"按钮

▶▷ 步骤3 执行操作后，弹出一个对话框，点击"复制口令发给好友"按钮，如图 10-10 所示。

▶▷ 步骤4 执行操作后，自动进入微信 App，选择需要分享短视频的对象，如图 10-11 所示。

图 10-10　点击"复制口令发给好友"按钮　　　图 10-11　选择需要分享短视频的对象

▶▶步骤5　进入微信聊天界面，长按输入栏，弹出一个对话框，点击"粘贴"按钮，如图 10-12 所示。

▶▶步骤6　执行操作后，在输入栏中会出现刚刚复制的短视频口令，然后点击"发送"按钮，如图 10-13 所示。

▶▶步骤7　执行操作后，在聊天界面中便会出现短视频口令，如图 10-14 所示。如果微信好友想要查看该视频，可以复制这条短视频口令。而对于运营者来说，只要用户打开抖音 App 并在搜索框中粘贴该口令，即可增加该短视频的流量。

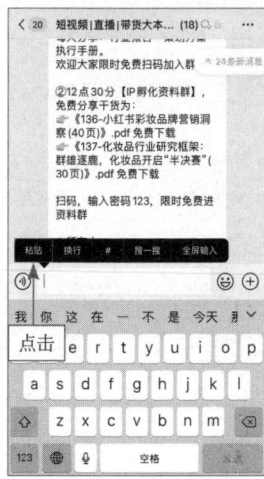
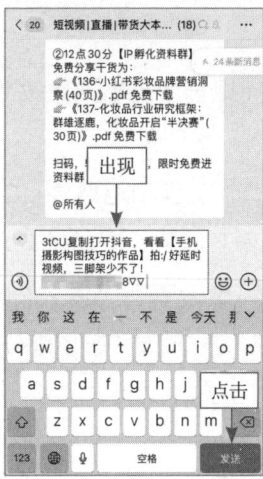
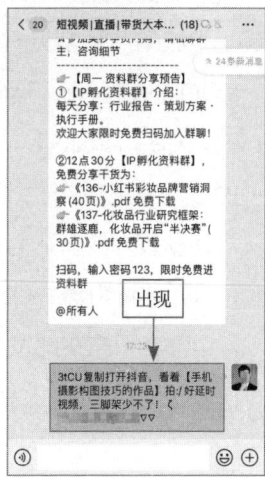

图 10-12　点击"粘贴"　　图 10-13　点击"发送"　　图 10-14　在聊天界面中
　　　　　　按钮　　　　　　　　　　按钮　　　　　　　　　出现短视频口令

4. 抖音矩阵引流

抖音矩阵引流就是通过多个账号的运营进行营销推广，从而增强营销的效果，获取稳定的流量池。抖音矩阵可分为两种：一种是个人抖音矩阵，即某个运营者同时运营多个抖音账号，组成营销矩阵；另一种是多个具有联系的运营者组成一个矩阵，共同进行营销推广。

5. 跨平台引流

跨平台引流最重要的就是各种社交平台。除了微博外，微信、QQ 和各种音乐平台都拥有大量的用户群体，都是抖音引流不能错过的渠道。

（1）微信引流。微信已实现对国内移动互联网用户的大面积覆盖。下面，笔者就来介绍使用微信为抖音引流的主要方法。

a. 朋友圈引流：用户可以在朋友圈中发布抖音上的短视频，同时短视频中会显示相应的抖音账号，吸引朋友圈好友的关注。

b. 微信聊天引流：通过微信聊天发布自己的抖音作品，其他用户点击短视频后可以直接查看内容，增加内容的曝光量。注意发布的时间应尽量与抖音上同步，也就是说，在抖音上发布短视频后马上分享到微信中，但不能太频繁。

c. 公众号引流：公众号也可以定期发布抖音短视频，将公众号中的粉丝引流到抖音平台上，从而提高抖音账号的曝光量。

（2）QQ 引流。作为最早的网络通信平台之一，QQ 拥有强大的资源优势和底蕴，以及庞大的用户群体，是运营者必须巩固的引流阵地。下面笔者就来介绍 QQ 引流的几种常见方式。

a.QQ 签名引流：运营者可以自由编辑或修改"签名"的内容，在其中引导 QQ 好友关注抖音账号。

b.QQ 头像和昵称引流：QQ 头像和昵称是 QQ 号的重要流量入口，运营者可以将其设置为抖音账号的头像和昵称，增加抖音账号的曝光量。

c.QQ 空间引流：QQ 空间是运营者可以充分利用起来进行引流的一个好地方，运营者只需在此发布抖音短视频就能吸引部分好友的关注。注意，要将 QQ 空间权限设置为所有人都可以访问，如果不想有垃圾评论，则也可以开启评论审核。

d.QQ 群引流：运营者可以多创建和加入一些与抖音账号定位相关的 QQ 群，

多与群友进行交流互动，让他们对你产生信任感，此时再发布抖音作品来引流就会水到渠成。

（3）音乐平台引流。抖音短视频与音乐是分不开的，因此，运营者还可以借助各种音乐平台来给自己的抖音账号引流。常用的引流平台有网易云音乐、QQ 音乐、虾米音乐和酷狗音乐等。

以网易云音乐为例，这是一个专注于发现与分享的音乐平台，依托专业音乐人、DJ（Disc Jockey，打碟工作者）、好友推荐及社交功能，为用户打造全新的音乐生活。网易云音乐的目标受众是一群有一定音乐素养、较高教育水平、较高收入水平的年轻人，这和抖音的目标受众重合度非常高，因此网易云音乐成为抖音引流的重要音乐平台之一。

运营者可以利用网易云音乐的音乐社区和评论功能，对自己的抖音账号进行宣传和推广。除此之外，运营者还可以利用音乐平台的主页动态进行引流。例如，网易云音乐推出了一个类似微信朋友圈的功能，运营者可以发布歌曲动态，上传照片和发布文字内容，同时还可以发布抖音短视频，直接推广自己的抖音账号。

6. 线下平台引流

除了线上的各大平台外，线下平台也是抖音引流不可忽略的渠道。目前，从线下平台引流到抖音主要有三种方式，下面笔者将分别进行解读。

（1）线下拍摄引流。对于拥有实体店的运营者来说，线下拍摄抖音短视频是一种比较简单、有效的引流方式。通常来说，线下拍摄可分为两种：一种是运营者及相关人员自行拍摄；另一种是邀请进店的消费者（包括探店达人）拍摄。

当运营者及相关人员自行拍摄短视频时，能够引发路过的人员的好奇心，为店铺引流。当短视频上传之后，如果用户对你的内容比较感兴趣，则也会选择关注你的抖音账号。

而邀请进店的消费者拍摄，可以直接增加店铺的宣传渠道，让更多用户看到你的店铺及相关信息，从而达到为店铺和账号引流的目的。

（2）线下转发引流。可能单纯邀请消费者拍摄短视频的效果不是很明显，此时运营者还可以采取另一种策略，那就是在线下的实体店里举行转发有优惠的活动，让消费者将拍摄的短视频转发至微信、QQ 等社交平台，提高店铺和账号的知名度。

当然，为了提高消费者的转发积极性，运营者可以根据消费者发布的内容的转发量，以及转发后的点赞数给出不同的优惠力度。这样，消费者为了获得更大的优惠力度，自然会更卖力地进行转发，而转发的实际效果也会更好。

（3）线下扫码引流。除了线下拍摄和线下转发外，还有一种直接增加账号粉丝量的方法，那就是通过线下扫码，让进店的消费者或者路人成为你的粉丝。

当然，在扫码之前，还需有码可扫。对此，运营者可以进入"我"界面，❶点击▤图标；❷选择"我的二维码"选项，如图 10-15 所示。操作完成后，进入账号二维码的相关界面，运营者只需点击界面中的"保存"按钮，便可下载抖音账号的二维码，如图 10-16 所示。

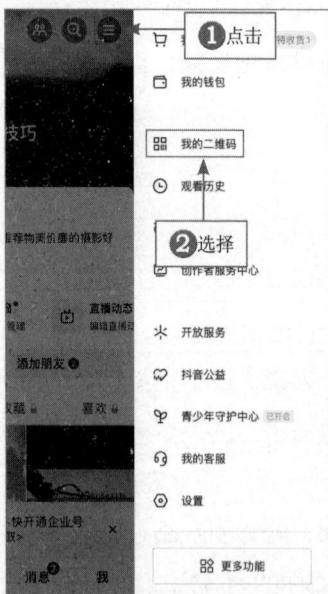

图 10-15　选择"我的二维码"选项　　图 10-16　点击"保存"按钮

抖音账号的二维码下载完成之后，运营者可以将其打印出来，通过发传单，或者将抖音账号的二维码放置在店铺显眼位置的方式，让进店的消费者扫码加好友，并关注你的抖音账号。

10.3　解决用户的疑虑

在抖音平台中销售来自抖音小店的商品有一个优势，那就是可以直接为用户提供在线咨询服务。因此，为了及时解决用户的疑惑，进一步引导用户下单，运营者可以多选择抖音小店里的商品进行带货。

具体来说，在抖音小店的商品详情界面中会出现"客服"按钮，用户如果对相关商品有一些疑惑，则可以点击该按钮，与店铺的客服人员进行实时沟通，让客服人员来解答自己的疑惑。相关操作步骤如下。

▶▶ 步骤1　进入有疑惑的商品的详情界面，点击"客服"按钮，如图 10-17 所示。

▶▶ 步骤2　执行操作后，即可进入在线沟通界面，向客服人员说出自己的疑惑。当然，为了让客服人员知道你要询问的是哪款商品，用户可以点击"发送商品"按钮，如图 10-18 所示。

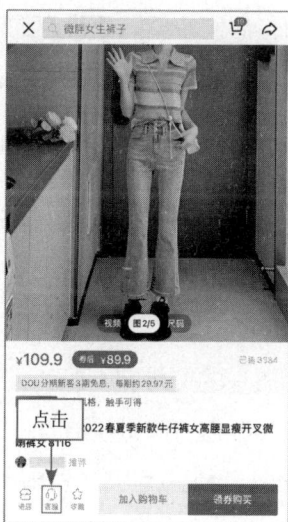

图 10-17　点击"客服"按钮　　　图 10-18　点击"发送商品"按钮

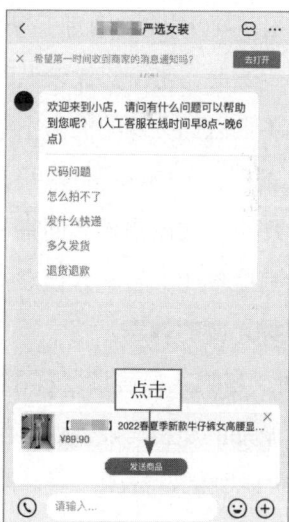

▶▶ 步骤3　执行操作后，在线沟通界面中会出现商品的相关信息，如图 10-19 所示。另外，用户还可以就自己的疑惑进行询问，而客服人员则会根据用户询问的问题给出答案，如图 10-20 所示。

了解了抖音小店的客服咨询功能之后，笔者再来说说用户购物过程中的几种常见疑虑以及这些疑虑的解答方法。

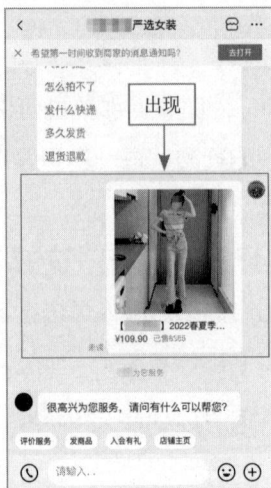

图 10-19　出现商品的相关信息　　图 10-20　客服人员根据用户询问的
　　　　　　　　　　　　　　　　　　　　　　　问题给出答案

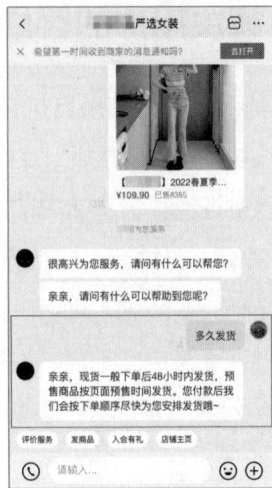

1. 对商品质量的疑虑

许多用户在网购时心理是矛盾的：一方面，他们希望以更优惠的价格获得商品；另一方面，当价格比较低时，他们又会觉得商品的质量可能存在问题，否则商家也不会以这么低的价格出售。

质量是用户购买商品考虑的关键因素，如果某件商品在用户看来质量是不过关的，那么即便价格足够便宜，用户可能也不会下单购买。所以，当用户对商品的质量有疑虑时，客服人员需要尽可能地消除用户的疑虑，否则，沟通将很可能难以获得想要的效果。

那么，客服人员应该怎样消除用户对商品质量的疑虑呢？总的来说，当用户对低价商品的质量有疑虑时，客服人员通常可以从两方面进行消除，具体如下。

（1）说明低价原因。俗话说得好，"天上不会掉馅饼"。在用户看来，商家是以盈利为目的的，所以商家不可能全然不顾自身利益，无缘无故降价进行甩卖，除非商品的质量有问题，商家急于处理。

如果客服人员在与用户沟通的过程中没有对低价的原因进行说明，那么用户很自然地便会认为是商品的质量有问题。所以，客服人员必须告知商品低价出售的原因，让用户觉得"便宜得有理由"。

（2）给出质量保证。虽然客服人员向用户说明低价原因之后，部分用户会相信商家是为了让利于用户，但是对于商品质量本身可能仍有疑虑。所以，除了对低价原因进行说明外，客服人员还需对商品的质量做出一些必要的保证。

例如，用户可能会对商品是否是正品有疑虑。此时，客服人员便可以为用户提供验证方法，并承诺不是正品可以在限定时间内退货。甚至可以打出"假一赔十"等口号，让用户觉得商家对商品的质量是有信心的。

2. 对商品规格的疑虑

除了对商品是否是正品等质量问题有疑虑外，用户对商品规格的疑虑也比较常见。因为在用户看来，规格不标准的商品可能会出现两个问题：一是商品不正规；二是商品不合用。

很显然，无论是商品不正规，还是商品不合用，用户都会打消购物的念头。所以，客服人员需要从源头上解决问题，消除用户对商品规格的疑虑。一般来说，客服人员可以通过两种方式来消除用户对商品规格的疑虑，具体如下。

（1）说明商品的规格。因为不同地区采用的标准可能存在一些差异。例如，同样是鞋码，便有中国码、美国码、欧码等多个不同的标准。在不同的标准之下，鞋码的大小很可能也会出现一定的差异。

所以，为了让用户能够选到更适合自身需求的商品，客服人员需要对自身规格所采用的标准进行说明。在必要的情况下，为了方便用户查看，还可以提供不同标准的对照表。

（2）尺码不标准可退货。对于用户来说，不标准的商品很可能直接影响使用，这也是大部分用户对商品规格有疑虑的最直接原因。对此，客服人员可以通过一定的举措，给用户以信心。例如，承诺尺码不标准可以直接退货。

客服人员不要小看了这个承诺，虽然这是一个有业界良心的商家都会做的一件事，但是在用户看来，只要客服人员敢承诺，就说明其对商品的标准是有信心的。而且，即便商品有问题，既然客服人员做出了承诺，大不了到时再退货。因此，就是这样一个承诺，却有可能让商品的成交率大幅上升。

3. 对发货时间的疑虑

下单完成之后，谁都希望商家能够尽快发货，因为商家的发货速度直接影响快递的到达时间。但是，由于部分商家发货不够及时，有的用户在购物完成之后，深受其扰。所以，许多用户在购物过程中，都会习惯性地询问发货时间。

在通常情况下，如果用户开始向客服人员询问发货时间，就说明该用户对于商品有着较强的购买欲。此时，只要客服人员告知用户会尽快发货，用户很可能就会下定购买的决心。

当然，在告知用户发货时间时，客服人员还需要采取一定的方法，让自己的表达更具说服力。例如，客服人员可以对发货时间进行具体说明，甚至可以直接晒出商家发货时间的相关记录。

（1）说明发货时间。许多用户之所以想知道商家的发货时间，就是希望自己能够对商家的工作效率有一个大致的把握，从而判断商家的实力，并对收到快递的时间进行估算。

对此，客服人员需要做的就是向用户说明具体的发货时间。当然，为了让用户觉得商家确实有一定的实力，在说明的过程中，客服人员可以顺带对商家发货的人数进行介绍。

（2）晒出相关记录。虽然在客服人员说明具体的发货时间之后，大部分用户会比较放心地完成下单，但是也有部分用户认为客服人员口说无凭。在这种情况下，客服人员便需要晒出相关记录来证明自己所言非虚了。

例如，客服人员可以直接晒出某些订单的下单时间和发货时间，让用户通过数据的对比，更加直观地把握商家的发货时间。

4. 对商品是否包邮的疑虑

包邮与否一直以来都是许多用户在网购时比较关心的一个问题。在用户看来，邮费是商品之外的支出，如果购买商品还需另外支付一些邮费，那么相对来说，心里就会觉得有些划不来了。

针对这一问题，许多店铺都推出了包邮服务。当然，也有部分店铺因为种种原因是不包邮的。但是，无论是否包邮，客服人员都有必要在与用户沟通的过程中进行具体说明。

值得一提的是，对于包邮和不包邮，客服人员在与用户沟通的过程中应采用不同的沟通策略。通常来说，包邮直接告知即可；但是，不包邮则需要进行说明，并寻求用户的理解。

（1）包邮直接告知。对于用户来说，如果商品包邮，便无须支付运费，这无疑是要划得来一些的。所以，当用户购买的商品包邮时，客服人员只需要直接告知便可。这既可以消除用户的疑虑，也会让用户觉得此次购物比较划得来，从而增加购买欲。

（2）不包邮寻求理解。当然，因为一些原因，如用户单次购物的金额较低、物品超过某一重量等，商家对于用户的购物可能是不包邮的。这种情况在用户看来是比较划不来的。所以，客服人员应该向用户解释清楚，并通过一定的方式寻求用户的理解，让用户觉得也不是那么划不来，或者说，至少也让用户心里舒坦一些。

10.4　处理好售后问题

"安心购"是指提供"坏单包赔""过敏包退""正品保障""七天无理由退货"和"上门取件"等服务，让用户可以安心地购物。商家可以在抖店后台中开通"安心购"功能，为用户提供服务承诺，让用户更安心地购买你的商品。

具体来说，商家可以进入抖店后台，❶单击导航栏"店铺"板块中的"权益中心"按钮，进入对应页面；❷单击页面中的"立即点亮"按钮，如图10-21所示，并根据页面提示进行操作，即可开通"安心购"功能，让店铺变成安心购小店（店铺中的商品都会自动带有"安心购"标识）。

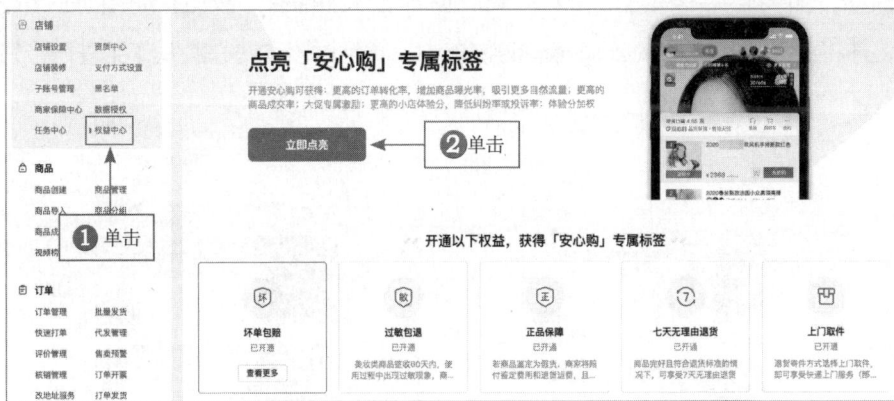

图 10-21　单击"立即点亮"按钮

为了让自己带货的商品更有保障，减少出现售后问题，运营者可以将带有"安心购"标识的商品加入橱窗并进行带货，具体操作步骤如下。

▶▶ 步骤1　进入"抖音电商精选联盟"界面，点击搜索框，如图10-22所示。

▶▶ 步骤2　执行操作后，❶在搜索框中输入商品或品类名称，如"女装"；❷点击"搜索"按钮，如图10-23所示。

图 10-22　点击搜索框

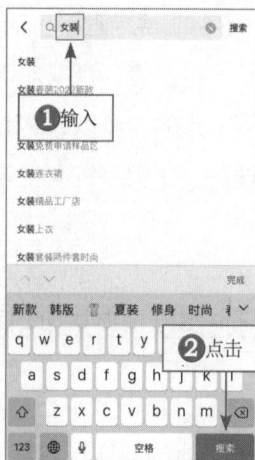

图 10-23　点击"搜索"按钮

▶▶ 步骤3　执行操作后，系统会自动推荐相关的商品，其中会出现一部分显示"安心购"标识的商品。如果运营者想查看更多的"安心购"商品，可以点击"安心购"按钮，如图 10-24 所示。

▶▶ 步骤4　执行操作后，在搜索结果中会筛选掉没有提供"安心购"服务的商品。如果运营者只需点击对应商品后方的"加橱窗"按钮，如图 10-25 所示，并将商品添加至短视频和直播购物车中，便可对该"安心购"商品进行带货。

图 10-24　点击"安心购"按钮

图 10-25　点击"加橱窗"按钮

另外，在抖音商品详情界面的"保障"一栏中会显示对应商品为用户提供的售后保障，用户只需点击"保障"一栏，如图 10-26 所示，即可查看该商品售后保障的详情信息。如果商品提供的是"安心购"服务，则会弹出"安心购"

窗口，在这个窗口中会出现多种售后保障和服务，如图 10-27 所示。

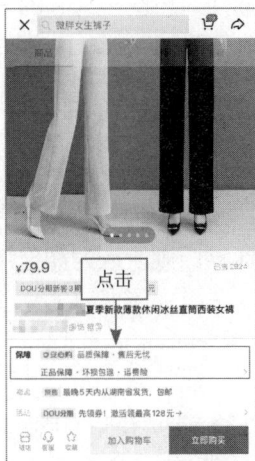

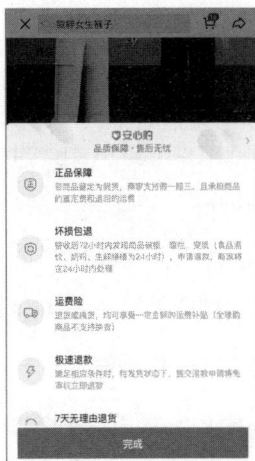

图 10-26　点击"保障"一栏　　　图 10-27　"安心购"窗口

当出现售后问题时，可能用户会通过发消息、打电话等方式质问商家和运营者（带货达人），有的用户甚至会直接给商品打差评。对此，相关的客服人员可以通过如下方法处理售后问题，提高用户的满意度。

1. 向用户道歉

用户在一般情况下不会无理取闹，既然给出了差评，就说明店铺里的商品或者服务很可能真的有一些问题。既然是店铺的过错，那么作为店铺"代言人"的客服人员就需要通过道歉来表达对此事的态度。当然，沟通是需要讲求一定技巧的，在表达歉意的过程中，客服人员还需要特别注意两点，具体如下。

（1）态度要真诚。道歉的态度很重要，同样是道歉，不同的态度在用户看来感觉可能是完全不同的。当客服人员真诚道歉时，在用户看来，客服人员表达的是"知错了"；而当客服人员的道歉不够真诚时，用户可能会觉得客服人员在敷衍自己。所以，因为感觉的不同，用户在对待客服人员时也会表现出明显的差异。

这就好比甲、乙两个人闹了不愉快之后，如果甲真诚认错，那么乙不仅会选择原谅，甚至还会对自己的过错进行反思。相反地，如果甲的道歉不够真诚，那么在乙看来，甲是不情愿的，甚至会认为在甲眼中，过错仍在乙身上。在这种情况下，乙显然是不会轻易选择原谅的。

所以，在向用户道歉时，客服人员一定要让用户看到你的真诚，这直接关系到用户对待你的态度。其实，真诚道歉是道歉，不真诚道歉也是道歉，既然道歉是必须要做的一件事，那么客服人员为什么不选择对自己更有利的一种方式呢？

（2）不能言语相激。客服人员一定要认识到一点：用户之所以要通过发消息、打电话进行质问，就是因为在其看来，问题主要出在卖方。因此，如果客服人员不能和用户心平气和地进行沟通，用户可能连沟通的意愿都不会有。

俗话说得好，"买卖不成仁义在"。客服人员在与用户进行沟通时，无论用户是怎样的态度，都不能言语相激，这是沟通的原则。因为激怒用户除了会让事情变得更加糟糕外，不会再有其他用处。

2. 给用户一些赔偿

在处理售后问题的过程中，客服人员需要考虑到用户的利益，为用户提供更满意的售后服务。在此过程中，对用户做出适当的补偿是必不可少的。而在对用户做出补偿的过程中，客服人员需要注意如下两点。

（1）主动提出补偿。很多东西主动提出和被人要求的味道是截然不同的，给用户一些赔偿也是如此。客服人员主动提出赔偿体现的是一种负责任的态度；而如果是用户要求的，就有些像被迫的了。既然主动也要赔偿，被动也要赔偿，那么为什么不主动一点，给用户留下一个好印象呢？

（2）控制补偿额度。虽然价值越高的赔偿对用户越有吸引力，也越能提高用户对售后的满意度，但是，赔偿毕竟也是店铺支出的一部分，店铺经营是以盈利为目的的，而要盈利自然就需要尽可能地控制支出。

所以，客服人员在给用户进行赔偿时，需要对赔偿的价值额度进行控制。如果赔偿的价值过高，那么对店铺来说是不划算的。当然，如果赔偿的价值过低，则可能对用户起不到太大的作用。因此，客服人员还需把握好赔偿的尺度。

3. 帮用户做好退单

当用户对订单不满意，并表现出强烈的退单愿望时，客服人员与其给出有吸引力的补偿，倒不如顺从用户，帮助其完成退单。当然，在帮助用户退单的过程中，客服人员还需要重点做好如下两件事。

（1）告知退单事项。退单在用户看起来可能只是一个简单的动作，但是真正完成退单却需要一个过程，在这个过程中又包含了诸多环节。所以，用户对退单这件事的看法可能会与实际存在一些差距，而这种差距的存在有可能会让用户觉得店铺是在故意为难自己，这才迟迟没有将事情解决。

因此，为了让用户更加了解退单，客服人员有必要在沟通过程中将退单的一些事项告知用户，以免让用户产生不好的想法。

（2）承诺退还款项。说到退单，大部分用户最关心的应该是退还款项的相关问题了，毕竟这直接关系到用户个人的利益。因此，客服人员需要在沟通过程中对退还款项做出承诺，并对相关的一些事项进行说明。

对此，客服人员可以在沟通过程中尽可能详细地说明退还款项的相关事项。例如，客服人员可以对退还的金额是多少、多久之后用户可以收到退还的款项等问题进行具体说明，给用户吃一颗定心丸。

10.5　获取用户的好评

商家可以通过一些方法来提高用户的好感度，让更多用户给出好评。例如，商家可以通过给予赠品的方式，提高用户的获得感，让用户觉得购买你的商品很划得来，从而给出好评，如图 10-28 所示。又如，商家可以通过晒好评返现金等方式，让用户主动给商品打好评。

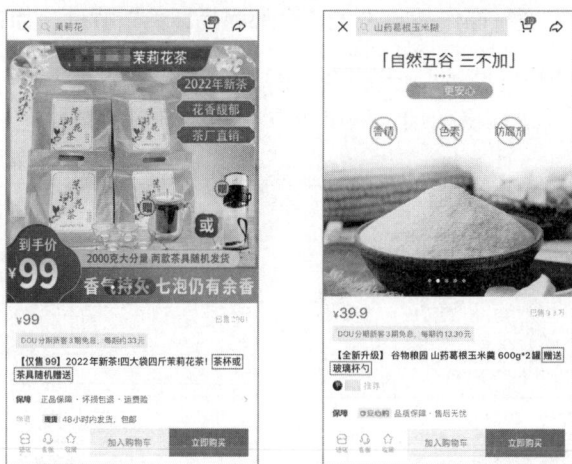

图 10-28　通过给予赠品提高用户的好感度

而运营者则可以通过为用户提供高性价比的商品、积极维护用户的权益等方式，获得用户的信任，让用户更加认可你，从而提高你的带货口碑。

除了主动引导用户打好评外，商家还需要特别关注用户的评论，特别是中差评。这不仅可以及时了解商品的问题所在，还可以主动让客服人员与打中差评的用户联系，争取让其更改评价，或者删除差评，从而提高商品的好评率。具体来说，商家可以通过如下操作查看用户给商品打的中差评。

▶▶ 步骤1 进入抖音 App 中对应商品的详情界面，如图 10-29 所示。

▶▶ 步骤2 滑动界面，即可看到"评价"板块，点击"评价"一栏所在的位置，如图 10-30 所示。

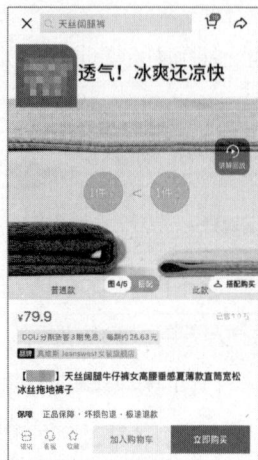

图 10-29　对应商品的详情界面　　　图 10-30　点击"评价"一栏所在的位置

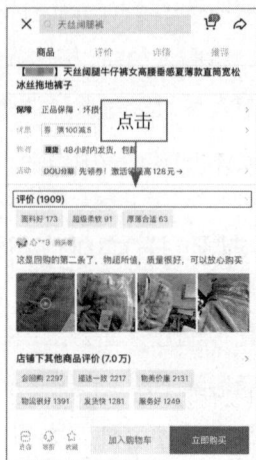

▶▶ 步骤3 执行操作后，进入"全部商品评价"界面，点击"中差评"按钮，如图 10-31 所示。

▶▶ 步骤4 执行操作后，即可查看用户给商品打的中差评，如图 10-32 所示。

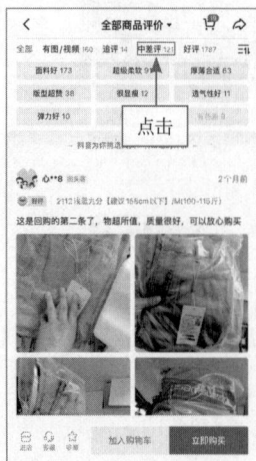

图 10-31　点击"中差评"按钮　　　图 10-32　查看用户给商品打的中差评

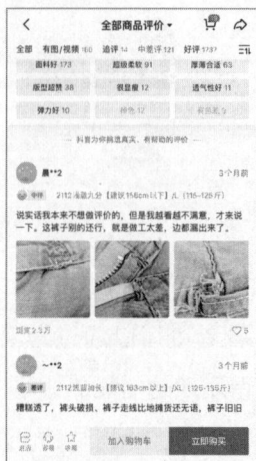

第 **11** 章

品牌营销巩固
电商阵地

在抖音平台中，有的商家主要借助兴趣电商专门销售某个品牌或某几个品牌的商品。对于这些品牌来说，通过品牌营销巩固抖音电商这个阵地是很有必要的。通过品牌营销，不仅能快速提高品牌的知名度和营销力，还能引导更多用户购买对应品牌旗下的商品。

11.1 营销是生意的放大器

对于商家（包括品牌方）来说，营销就是生意的放大器，通过营销，商家可以提高商品的曝光量，让更多人知道，甚至购买你的商品。具体来说，在抖音平台中，商家可以通过以下三种方式对商品进行营销推广，提高商品的曝光量，让自己的生意变得更好。

1. 自主营销推广

商家可以自主对商品进行营销推广，这样不仅能增加商品的曝光量，还能有效地降低推广的费用。具体来说，商家只需将自己的商品上传至抖音平台，用户便有可能在抖音"商城"中看到相关商品，有需要的用户甚至可以点击商品主图，进入其详情界面，如图 11-1 所示，查看商品信息并购买商品。

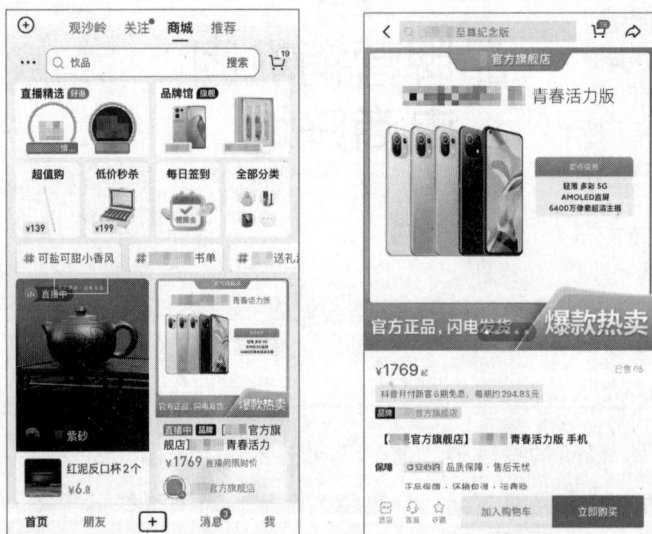

图 11-1　点击商品主图进入其详情界面

除了"商城"中的自动曝光外，当商品上传至抖音平台之后，用户通过搜索功能进行寻找时，你的商品也会获得曝光。这样一来，随着曝光量越来越多，商品的销量也会越来越高。

当然，在上传商品之后，商家也可以发布内容来对商品进行推广。具体来说，商家可以注册一个专门用于推广商品的账号（也可以是旗舰店或者官方账号），并发布商品推广短视频。图 11-2 所示为某品牌官方旗舰店发布的商品推广短视频。

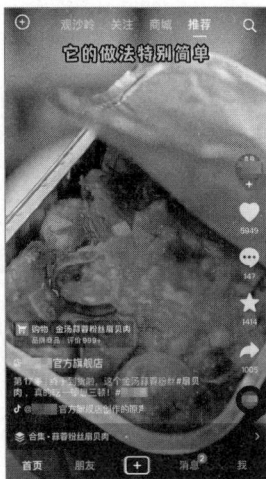

图 11-2　某品牌旗舰店发布的商品推广短视频

　　另外，商家还可以开启直播，并在直播购物车中添加商品，为用户购物提供便利。图 11-3 所示为某官方账号的抖音直播画面。

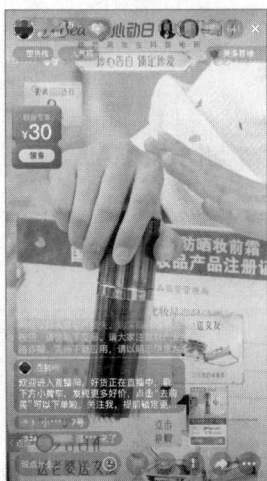

图 11-3　某官方账号的抖音直播画面

2. 达人营销推广

　　商家的工作人员有限，单纯进行自主营销推广可能难以获得预期的效果。对此，商家可以借助抖音带货达人对商品进行营销推广。

　　具体来说，借助达人对商品进行营销推广主要分为两种：一种是商家主动找达人进行合作；另一种是通过给予一定的销售佣金让达人主动对商品进行推广。图 11-4 所示为某达人为获取佣金主动对商品进行的推广。

图 11-4　某达人为获取佣金主动对商品进行的推广

3. 广告营销推广

抖音内容的营销推广效果与其获得的曝光量直接相关，曝光量越多，营销推广效果自然就越好。对此，商家可以在抖音平台中投放广告，让官方主动帮你进行营销推广，增加内容和商品的曝光量。

图 11-5 所示为某品牌在抖音平台中投放的信息流广告，该广告不仅能增加内容和商品的曝光量，而且用户点击广告的相关内容还可以进入该品牌的抖音直播。

图 11-5　某品牌的抖音信息流广告

毫无疑问，通过广告营销推广可以快速让内容和商品获得大量的曝光量，但是这种营销推广方式也有一个弊端，那就是广告投放者（品牌方）需要支付一定的费用，而且营销推广的要求越高，需要花费的广告投放费用就越多。

11.2　实现全链路的品销合一

随着抖音兴趣电商对"货找人"和"人找货"双向消费链路的打通，"人""货""场"的关系被重构，电商行业也从供应链变成了消费者驱动。在抖音平台上，商家可以让自己的品牌和商品主动触达用户，并引导其进行购买，从而实现全链路的品销合一。

例如，商家可以在抖音上注册一个品牌旗舰店，在该账号上对品牌和商品进行营销推广。这样，当用户看到你的账号发布的内容之后，便可以直观地了解，甚至直接购买相关商品。

图 11-6 所示为某品牌官方旗舰店账号发布的商品推广短视频，用户如果对该短视频中的商品感兴趣，便可以点击购物车链接，查看商品的详情，有需要的用户甚至可以点击"立即购买"按钮，直接通过该品牌旗舰店下单。

图 11-6　直接通过品牌旗舰店下单

11.3　提升消费者的生命周期

对于商家来说，消费者的生命周期可以简单地理解为用户从成为店铺消费者到最后一次在店铺中购物维持的时间。因此，消费者的生命周期越长，对应用户可供挖掘的价值空间也越大。

那么，商家要如何提升消费者的生命周期呢？其中一种比较常见的方法是引导用户加入会员，提升用户再次消费的可能性。除此之外，商家还可以开通粉丝群，并设置进群条件，让等级高的用户享受更大的优惠和更好的服务，从而提高用户提升等级的欲望和消费生命周期。图 11-7 所示为某品牌的官方旗舰店粉丝群，可以看到其便将粉丝团等级作为一个入群条件。

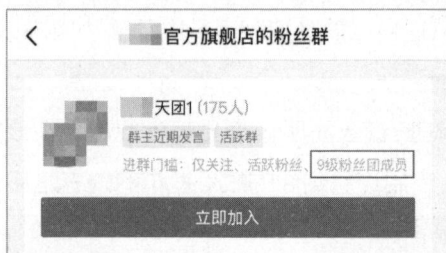

图 11-7　某品牌的官方旗舰店粉丝群

那么，商家如何创建粉丝群并设置入群条件呢？具体操作步骤如下。

▶▶ 步骤1　进入抖音 App 的"我"界面，❶点击 ▤ 图标；❷选择"创作者服务中心"选项，如图 11-8 所示。

▶▶ 步骤2　执行操作后，进入创作者服务中心的相关界面，点击"主播中心"按钮，如图 11-9 所示。

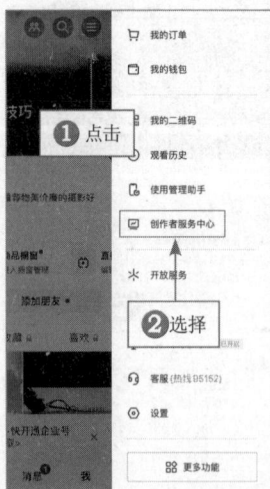

图 11-8　选择"创作者服务中心"选项

图 11-9　点击"主播中心"按钮

▶▶ 步骤3 执行操作后，进入"主播中心"界面，点击"更多功能"按钮，如图 11-10 所示。

▶▶ 步骤4 执行操作后，进入"更多功能"界面，选择"粉丝群"选项，如图 11-11 所示。

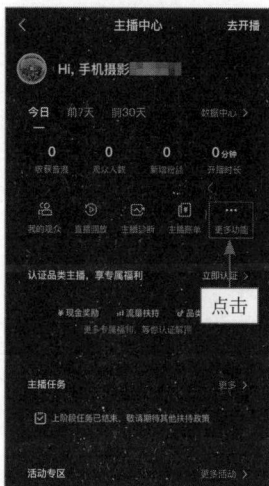

图 11-10 点击"更多功能"按钮　　图 11-11 选择"粉丝群"选项

▶▶ 步骤5 执行操作后，进入"粉丝群管理"界面，点击"立刻创建粉丝群"按钮，如图 11-12 所示。

▶▶ 步骤6 执行操作后，进入粉丝群聊天界面，在界面中会显示"群聊创建成功"，点击•••图标，如图 11-13 所示。

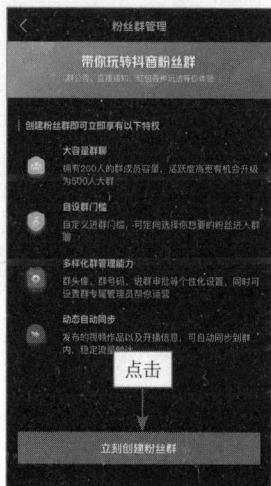

图 11-12 点击"立刻创建粉丝群"按钮　　图 11-13 点击•••图标

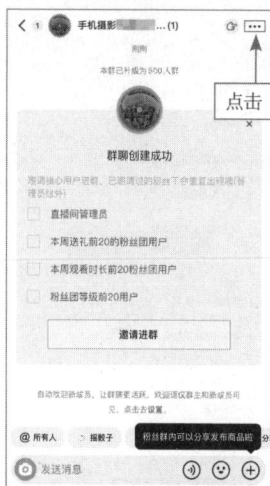

▶▷ 步骤7 执行操作后，进入"聊天详情"界面，选择"群管理"选项，如图 11-14 所示。

▶▷ 步骤8 执行操作后，进入"群管理"界面，选择"进群门槛"选项，如图 11-15 所示。

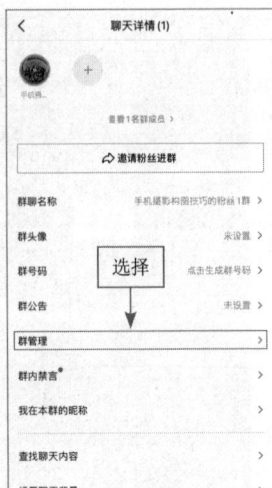

图 11-14　选择"群管理"选项　　　图 11-15　选择"进群门槛"选项

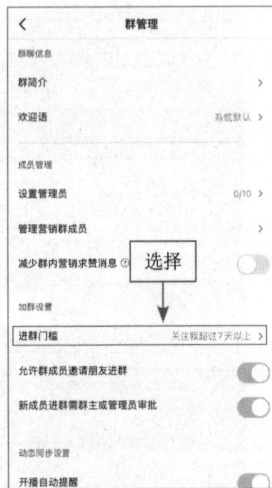

▶▷ 步骤9 执行操作后，进入"进群门槛"界面，选择"选择等级"选项，如图 11-16 所示。

▶▷ 步骤10 执行操作后，❶在弹出的窗口中选择进群的等级要求，❷点击"确认"按钮，如图 11-17 所示。

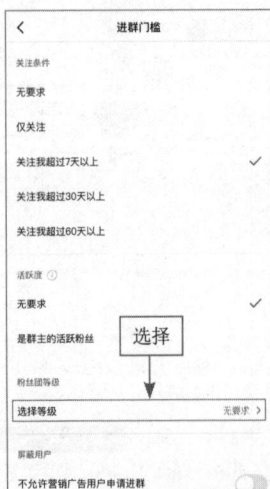

图 11-16　选择"选择等级"选项　　　图 11-17　选择进群的等级要求

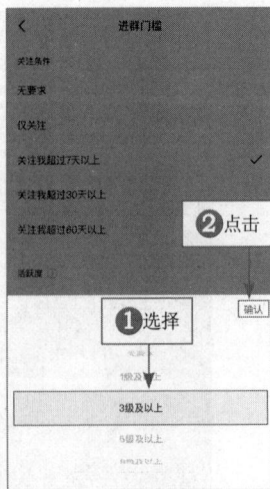

因为商家设置了进入粉丝群的等级，所以用户要想进入粉丝群就得增加直播的观看时间，而在长时间观看直播的过程中受到主播的引导，许多用户都会忍不住想要购买相关产品，这样一来，用户的消费周期和消费次数都将获得提升。

11.4 国货品牌发展的重要渠道

2022 年 5 月，中国社会科学院社会学研究所、中国社会科学院国情调查与大数据研究中心联合抖音电商、巨量算数共同发布了《2022 国货市场发展报告：新媒介、新消费与新文化》，该报告认为，电商平台是国货品牌获得快速发展的重要渠道。

以抖音电商平台为例，在服饰鞋包、食品饮料、个护家清、美妆等消费热门领域，国货占据了明显的优势。图 11-18 所示为抖音电商服饰鞋包、食品饮料、个护家清、美妆行业消费额 TOP 20 品牌国别占比图，可以看到，这些行业消费额排名前 20 的品牌大多数是国内品牌。

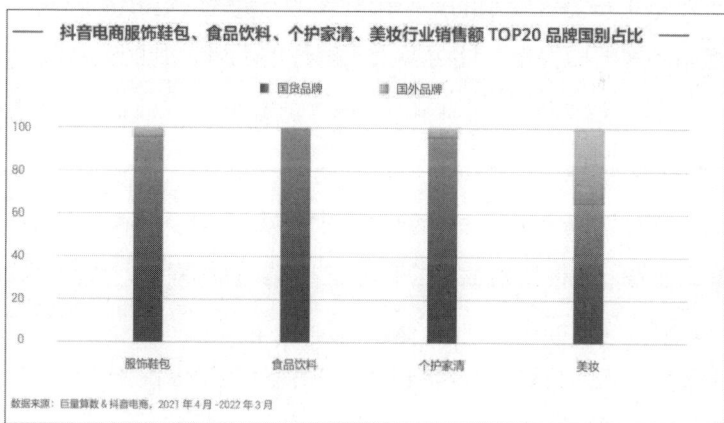

图 11-18 抖音电商服饰鞋包、食品饮料、个护家清、美妆行业消费额 TOP 20 品牌国别占比图

为什么会出现这种情况呢？除了近年来爱国热情高涨，越来越多的人开始选购国内品牌的商品外，抖音等电商平台也为国货品牌的发展贡献了巨大的力量。

具体来说，随着抖音兴趣电商的发展，越来越多的用户开始通过抖音平台进行购物。正是因为看到了这一点，许多国货品牌在抖音上注册了自己的官方和旗舰店账号，并通过这些账号来发布营销推广内容，勾起用户的购买兴趣，达到提高商品销量的目的。

有一个比较典型的例子：某食品饮料类国货品牌因为种种原因已经到了快要破产的地步，部分抖音运营者看到相关消息之后，主动发布营销推广短视频，并表示自己会购买该品牌的产品，为其发展贡献一份力量。在看到这些营销推广短视频之后，许多用户更是涌入该品牌的官方和旗舰店账号纷纷下单购买商品。结果，这个国货品牌在抖音用户的助力下，在短期内便获得了快速发展，成功避免了破产。

由此不难看出抖音电商平台对于国货品牌发展的巨大力量。如果国货品牌能够利用好抖音这个平台，用心打造兴趣电商内容，那么很多抖音用户出于对国货品牌的支持以及个人的情怀，都想要购买对应品牌的相关商品，这样一来，国货品牌想要不发展起来都难了。

11.5　抖音品牌营销的主要玩法

抖音平台是进行品牌营销的一个重要渠道，商家（包括品牌方）可以通过如下玩法提高品牌的曝光度，让更多人了解你的品牌，并购买对应品牌旗下的商品。

1. 开通蓝 V 账号

商家可以通过认证企业号，开通蓝 V 账号，获得更多品牌营销权益。当然，商家要认证企业号，先得找到企业号的认证入口。具体来说，我们可以通过如下步骤开启抖音企业号认证。

▶▶ 步骤1　进入抖音官方网站平台，将鼠标指针停留在"合作"按钮上，会出现一个下拉列表，选择"认证与合作"选项，如图 11-19 所示。

图 11-19　选择"认证与合作"选项

▶▶ 步骤2 执行操作后，进入"抖音 I 企业认证"界面，单击"立即认证"按钮，如图 11-20 所示。

图 11-20 单击"立即认证"按钮

▶▶ 步骤3 执行操作后，进入"抖音 I 企业认证"界面，如果确定需要进行企业认证，可以单击界面中的"开启认证"按钮，如图 11-21 所示。

图 11-21 单击"开启认证"按钮

从图 11-21 中不难看出，企业认证分为四个步骤。那么，在这四个步骤中具体要做什么呢？接下来，笔者就分别进行分析。

（1）填写认证资料。单击"抖音 I 企业认证"界面中的"开启认证"按钮，即可进入填写认证资料界面，如图 11-22 所示。商家需要在该界面中按照要求填写相关资料，完成后单击界面下方的"提交资料"按钮即可。

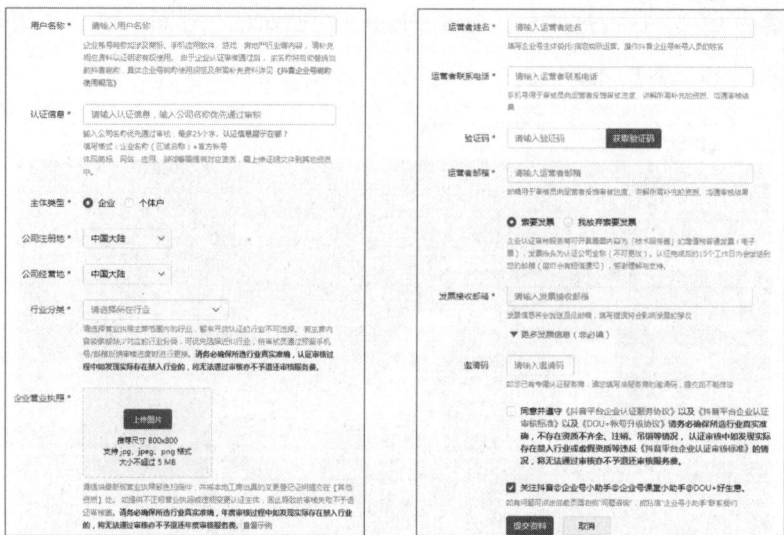

图 11-22　填写认证资料界面

（2）支付审核费用。在单击填写认证资料界面中的"提交资料"按钮后，系统会弹出支付审核费用的提示。蓝 V 企业号的审核费用为 600 元／次，认证有效期为一年。也就是说，一年之后，还需要再次进行审核，并提交审核费用。

（3）认证资质审核。在支付审核费用之后，相关认证人员会根据《抖音企业认证材料规范》（该规范在企业认证说明页面的企业认证步骤版块提供了入口，商家只需点击便可以查看），对商家提交的资料进行审核。

（4）开启账号认证。在认证资质审核通过后，相关工作人员会在两个工作日内对账号开启认证。账号认证开启之后，运营者便拥有了一个蓝 V 企业号。企业认证完成后，在对应账号名称的下方会显示企业名称和蓝 V，与此同时，商家可以借助账号的蓝 V 权益进行品牌营销，让品牌信息和商品信息更好地触达用户。

　　具体来说，商家可以在企业号简介中添加企业、品牌和店铺的信息链接，让有需要的用户可以更加了解相关信息。图 11-23 所示为某企业号的主页界面，可以看到其简介中便添加了联系方式、地址和店铺的链接，用户只需点击某个链接即可查看相关信息。例如，点击"联系电话"链接，便会弹出联系方式窗口，选择对应联系方式选项，即可拨打电话，与企业的相关人员取得联系。

　　除此以外，开通蓝 V 账号之后，在主页界面中还会出现一个"品牌"板块，商家可以在该板块中展示品牌和商品的相关信息。用户如果对该板块中的某个商品感兴趣，则可以点击对应商品的封面，进入"商品详情"界面查看或购买商品，如图 11-24 所示。

图 11-23 通过联系方式与企业取得联系

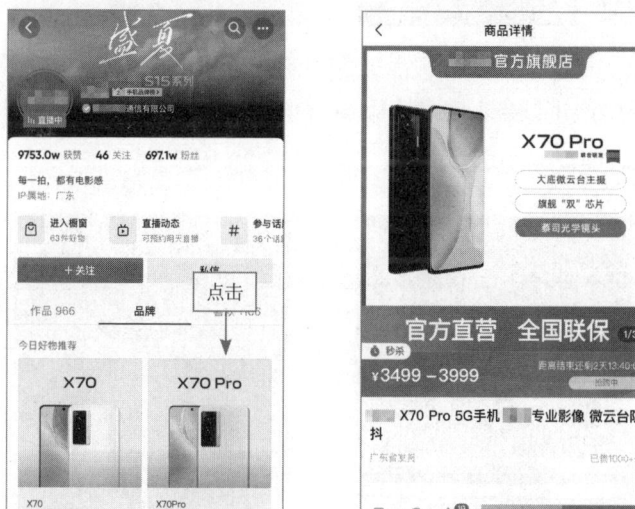

图 11-24 点击商品封面进入"商品详情"界面

2. 打造话题

商家可以打造专门的话题，并给参与话题且营销推广效果好的运营者一些奖励，提高运营者的参与积极性。这种玩法对于推广新品尤其有用，商家只需要在话题详情中展示奖励，便可以吸引大量运营者参与活动，让新品在短期内获得大量的曝光。

图 11-25 所示为某品牌新品话题界面，用户点击"参与话题赢大奖"面板所在的位置，即可查看话题的详情。正是因为参与话题可以赢大奖，所以很多运营者都按照要求发布了该新品的推广短视频，该话题相关短视频的播放量更是达到 1.5 亿次。

图 11-25　查看话题的详情

另外，用户点击该新品话题界面中的短视频封面，还可以进入短视频播放界面，查看对应短视频的具体内容，如图 11-26 所示。

图 11-26　查看对应短视频的具体内容

进入该新品话题界面的用户也可以点击"立即参与"按钮，并按要求发布内容，参与话题赢大奖。当然，用户要想获得大奖，还得关注"参与规则"中的内容，如果发布内容的时间超过了话题的参与时间，就没有机会获得奖励了。

3. 用好榜单

在抖音搜索界面中有一个榜单板块，在该板块中会展示多种榜单，其中一种榜单就是"品牌榜"。商家可以在"品牌榜"中投放广告，增加品牌和商品的曝光量。具体来说，在"品牌榜"上方和下方的固定位置都会展示商家投放的广告，对广告内容感兴趣的用户只需点击广告封面，即可进入"网页浏览"界面，查看广告的具体内容，如图 11-27 所示。

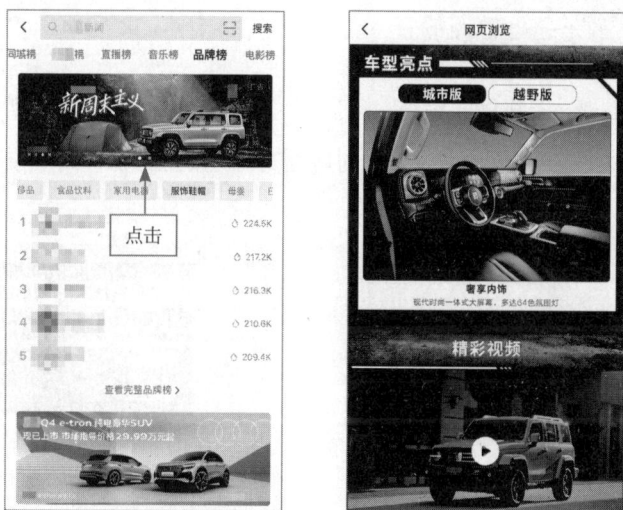

图 11-27　查看广告的具体内容

除了广告外，在"品牌榜"中还会对品牌进行分类，并根据热度进行排名。通常来说，用户进入"品牌榜"之后，如果有购物需求，则会选择排名靠前的品牌旗下的商品进行购买。具体来说，用户可以通过如下步骤，通过"品牌榜"进入对应品牌的店铺购买商品。

▶▶ 步骤1　进入抖音 App 搜索界面的"品牌榜"板块，点击"查看完整品牌榜"按钮，如图 11-28 所示。

▶▶ 步骤2　执行操作后，进入"品牌热 DOU 榜"界面，点击对应品牌的标志或名称，如图 11-29 所示。

▶▶ 步骤3　执行操作后，进入对应品牌的相关界面，点击界面中的官方账号，如图 11-30 所示。

图 11-28 点击"查看完整品牌榜"按钮

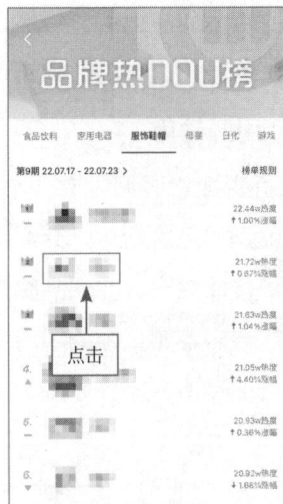

图 11-29 点击对应品牌的标志或名称

▶▶ 步骤 4 执行操作后，进入对应官方账号的主页界面，点击"进入店铺"按钮，如图 11-31 所示。

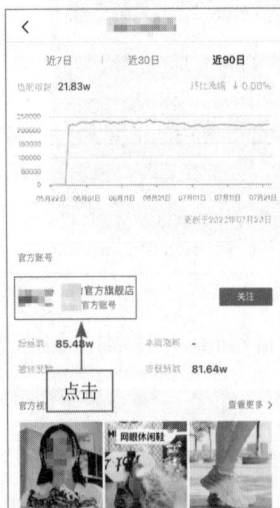

图 11-30 点击官方账号

图 11-31 点击"进入店铺"按钮

▶▶ 步骤 5 执行操作后，进入店铺的"商品"界面，点击对应商品的标题，如图 11-32 所示。

▶▶ 步骤 6 执行操作后，进入对应商品的详情界面，如图 11-33 所示。用户只需点击"领券购买"按钮，并根据提示选购商品、支付费用，即可下单购买商品。

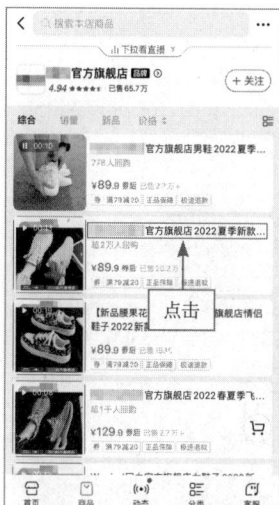

图 11-32　点击商品标题

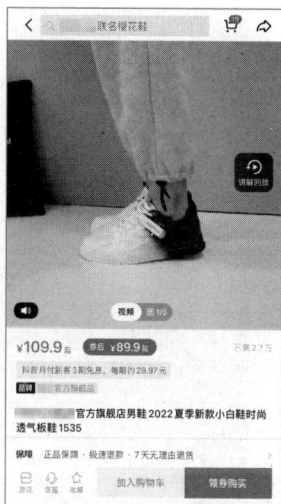

图 11-33　对应商品的详情界面

商家可以通过邀请达人推广品牌和商品、打造高质量的营销推广内容、投放抖音广告等方式来提高品牌的热度，从而让自己的品牌出现在搜索界面的"品牌榜"中。这样你的品牌便可以获得更多的曝光量，而品牌旗下的商品也将获得更多的销量。

4. 邀请代言

商家可以通过邀请明星代言的方式来提高品牌和商品的曝光量，让代言明星的粉丝更加关注你的品牌和商品。具体来说，商家可以将代言海报作为官方账号的背景图，如图 11-34 所示，让代言信息更加醒目。

图 11-34　将代言海报作为官方账号的背景图

除此以外，商家还可以邀请代言人拍摄商品宣传推广短视频，并将短视频发布到抖音平台中，如图 11-35 所示。为了增强商品宣传推广短视频的营销效果，商家还可以直接将短视频置顶，让用户一进入你的账号主页，便可以看到相关短视频。

图 11-35　商家发布的商品宣传推广短视频

　　当然，在与明星合作时，商家还可以提出一些要求，例如，要求代言人在自己的抖音账号中发布商品宣传推广短视频。因为明星的粉丝量比较多，所以其发布的商品宣传推广短视频能够在短期内获得大量用户的关注，快速提高品牌的知名度和商品的销量。图 11-36 所示为某代言人在其抖音账号中发布的商品宣传推广短视频，可以看到这条短视频的点赞量、评论量、收藏量和转发量都过万了，其中点赞量更是超过 100 万。

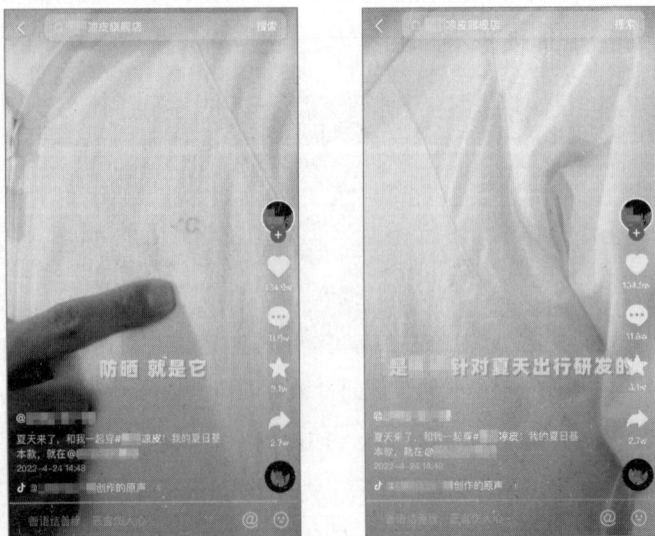

图 11-36　某代言人发布的商品宣传推广短视频

5. 制作音乐

商家可以自主制作品牌的主题音乐，并将其发布到抖音账号中。这不仅可以让品牌拥有专属的音乐，而且还可以让运营者主动在短视频中添加你的音乐，在无形之中对品牌进行宣传推广。

例如，某饮品品牌曾推出了自己的官方主题曲，而且其主题曲被200多万运营者使用，提高了品牌的曝光度。图11-37所示为某运营者发布的一条短视频，可以看到这条短视频中便添加了该品牌的官方主题曲。

图11-37　添加了某品牌官方主题曲的短视频

6. 付费推广

商家可以向抖音官方支付一定的费用，让官方帮你推广短视频，从而有效地提高品牌和商品的曝光量。通常来说，抖音平台中的短视频付费推广主要有两种，即"DOU＋上热门"和"小店随心推"。

（1）DOU＋上热门。"DOU＋上热门"就是通过支付一定的费用，给没有添加购物车链接的短视频进行加热，让短视频获得更多的曝光量。具体来说，商家可以通过如下操作使用"DOU＋上热门"功能，给短视频进行加热。

▶▶ 步骤1　进入对应营销推广短视频的播放界面，点击 ↗ 图标，如图11-38所示。

▶▶ 步骤2　执行操作后，会弹出"分享给朋友"窗口，点击"帮上热门"按钮，如图 11-39 所示。

图 11-38　点击 ➤ 图标　　　　图 11-39　点击"帮上热门"按钮

▶▶ 步骤3　执行操作后，进入单视频投放界面，如图 11-40 所示。商家只需对短视频的投放进行设置，并点击"支付"按钮，支付对应的费用，即可使用"DOU + 上热门"功能给单个短视频进行加热。当然，商家也可以点击"批量投放"按钮，进入对应界面，如图 11-41 所示，并设置投放信息、支付投放费用，同时给该账号的多个短视频进行加热。

图 11-40　单视频投放界面　　　　图 11-41　批量投放界面

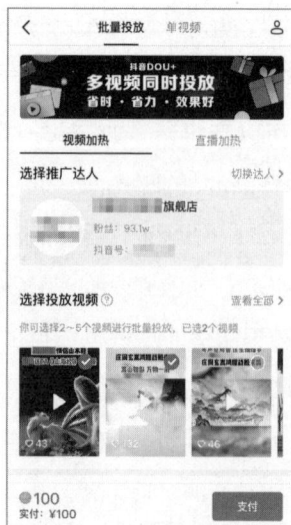

（2）小店随心推。"小店随心推"就是通过支付一定的费用，对短视频中的商品和相关的抖音小店进行推广。与"DOU＋上热门"不同的是，使用"小店随心推"功能进行推广，必须选择添加了购物车链接的短视频。具体来说，商家可以通过如下操作使用"小店随心推"功能，对短视频中的商品和相关的抖音小店进行推广。

▶▶ 步骤1　进入对应营销推广短视频的播放界面，点击 ➡ 图标，如图11-42所示。

▶▶ 步骤2　执行操作后，会弹出"分享给朋友"窗口，点击"小店随心推"按钮，如图11-43所示。

▶▶ 步骤3　执行操作后，进入"小店随心推"界面，如图11-44所示。商家只需设置推广信息，并点击"支付"按钮，即可使用"小店随心推"功能对短视频中的商品和相关的抖音小店进行推广。

图11-42　点击 ➡ 图标　　图11-43　点击"小店随心推"　图11-44　"小店随心推"
　　　　　　　　　　　　　　　　　　按钮　　　　　　　　　　界面